# 顧客は展示会で見つけなさい

確実に集客・商談を増やす **48の法則**

弓削 徹 Toru Yuge 著

日刊工業新聞社

# はじめに

## 売り込みが嫌われる時代は展示会で販路開拓すればいい！

### 展示会の成否は予算では決まらない

　ある小企業が展示会に出展したときのことです。思いきって2小間出展にしたのですが、なんと通路を挟んで真向かいの3小間ブースに、奇遇にも取引先の中堅企業も出展してきていました。

　その取引先へはOEM供給をしていますので、両社が展示する商品の機能・効果はほぼ同じ。しかも取引先企業は予算をかけているらしく、専門の設営業者による曲線の演出も美しい木工仕上げで、まるで銀座の高級店舗さながらのブースでした。

　こちら（仮にA社とします）のほうはといえば、スタッフ総出で手作りした、低予算が丸出しのブース。このままなら、集客数の勝負の結果は見えています。

　しかし、規模と予算では決まらないところが展示会の面白さ。いざ開場すると、A社ブースは訪問者や通路に立ち止まって眺める来場者が引きも切らずの大混雑。

　一方、高級感あふれる向かいのブースは閑散としてスタッフさんも手持ちぶさた。そのうち、A社のブースと通路に収まりきらない訪問者を向かいのブースに場所を借りて接客する始末です。

　このA社は私の支援先企業であり、まだ社員が4～5名の規模。面白いやら、申し訳ないやらで笑いをかみ殺しながら様子を眺めていました。A社がかけた予算は、おそらくお向かいの5分の1。それでいて得られた商談数は10倍以上でしょうから、費用対効果としては50倍超の差がついたはずです。

　この現場を体験したときに、展示会の成否を決めるものは予算やデザインではない、明解なメッセージのチカラだと確信することができました。

## なぜ展示会を活用する会社が増えているのか

　いまは展示会シーンが活況であり、出展する企業は増加し、展示会の種類も増えています。設営業者も受注件数の上昇にうれしい悲鳴を上げています。私も、商工会議所から展示会活用のセミナー講師としてお呼びいただく回数が多くなってきました。

　また、私の支援先企業でも「展示会の効果が大きくなっている」「展示会に出てみたい」という話を聞く機会が増えています。理由はもちろん、展示会が販路開拓と業績拡大の強力な武器になるからです。費用対効果が高いからです。

　その背景には、インターネットを使ったマーケティング手法の行き詰まりがあるといえます。この10年、コストをかけずに販路開拓、集客をするならウェブサイトやSNSを活用せよと、万能であるかのように語られてきました。

　しかし、現実にはウェブサイトやランディングページなどが増えすぎてしまい、立派な企業サイトをつくっても砂漠に砂粒がひとつ増えたくらいのインパクトしか与えられない。

　訪問者を誘引しようと、リスティング広告を出稿しても、クリック単価の高騰で、モノが売れても結局は赤字になってしまう。

　ウェブ広告会社に駆け込めば、コンテンツマーケティングやマーケティングオートメーションという、わかったような、わからないような手法をすすめられる。ところが、そこに手間とコストを注ぎ込んでも、思うような結果は得られない…。

　つまり、インターネットはすでに飽和状態であり、過当競争の時代に入っているのです。

　インターネット集客のプロであり、優位な技術をもっているはずのIT企業やSEOサービスなどの会社が、率先して展示会に出展しているのですから間違いありません。amazonが高級スーパーを買収したり、楽天が家電量販チェーンと提携するなど、ネット企業も競争の激化でリアル事業に展開するのがトレンドなのです。

## いちばん出会いたいど真ん中のお客様に会える

　それでは、従来からの人的営業による販路開拓はどうでしょうか。

　テレアポなどの手法はいやがられ、成果が出づらくなっている。飛び込み営業も同様です。潜在顧客が商品や技術の最新情報に自由にアクセスできるようになったいまでは、「必要なときに連絡するから来ないでくれ」と言われている気がします。

　それに、いまほど"売り込み"が嫌われる時代もありません。売り込む側の会社も、飛び込み営業ばかりを命じつづけていたら、若い社員はどんどん辞めていってしまうでしょう。

　こうした環境変化を受け、ようやく中小企業は方向転換をはじめました。より有効な新規開拓の手法が展示会であると気づいたのです。

　調査データを見ても、開催される展示会の種類は増えつづけており、出展社や来場者の数も増加しています。公共の助成金も、展示会を対象としたものに注力されるようになってきたと感じます。

　展示会のメリットのひとつは、ふだん接点を持ちにくいド真ん中の顧客、たとえば大手企業の設計や製品開発の担当者などと出会えること。

　しかも、アタマを下げてお願いする営業ではなく、課題に悩むお客様を受け入れて優位に商談を進めるというスタイル。有能な社員に飛び込み営業をさせてモチベーションを折ってしまうのではなく、課題解決の情報を教えて差し上げたり、体験の場を提供して商談化をはかるほうが何倍も有益でしょう。

　しかし、設営業者の何社かに聞いたところ、「新規」はそれほど増えていないという話。「出展していた会社はさらに回数を増やしているが、出展していなかった会社が新たに取り組むケースは少ない」というのです。

　ある会社は「5年先まで出展予約したいくらいです」と笑い、ある会社は「やはり展示会はコストが見合わないですね」と吐き捨てる——。

　つまり、上手な出展で結果を出している会社と、成果が上がらずに展示会をあきらめた会社との間に、大きな格差ができてしまっているのです。

## なぜ成果の出る会社とダメな会社があるのか

「展示会は役に立たない」と考えている社長さんと出会うことは少なからずあります。みなさん、「展示会はコストがかかるだけ」で「効果が見えない」という不満を述べます。それも、ちゃんとコンセプトを考え、おカネもかけてブースを発注したうえでの結果です。

では、なぜきちんと計画して出展したはずの展示会が成果を上げられず、コスト倒れになるのでしょうか。

いちばんわかりやすい原因は、「メッセージが伝わらないブース」。よくキャッチコピー作成セミナーで例に出すのですが、展示会はダメなキャッチコピーのチャンピオン大会のようなものです。

私のような仕事をしている人間が、何度読んでも「何が新しいのか？、どうすごいのか？、どこが差別化点なのか？」がさっぱりわからない。社名だけで人が吸い込まれていく大手企業のブースならよいのですが、無名の会社なら「あなたの課題をこう解決します」と明示していなければ、立ち寄る理由がありません。その他、展示会に失敗する会社が陥りがちなワナとは、次のようなものです。

・業界定番の展示会を選んで出展する
・デザインのよい目立つブースをつくる
・とにかく名刺の数をたくさん集める
・展示会終了後の営業フォローが大切

「いずれも、正しいことなのではないか」とお考えでしたら、あなたも展示会のワナにはまりかけている可能性があります。

## あなたの会社も展示会の成果を3倍にできる

私は、マーケティングコンサルタントとして、大手企業の巨大ブースから、中小企業や個人ビジネスの1小間ブースまでの展示会出展を企画・プロデュースしてきました。

それも、コンセプト立案だけでなく、出展商品の選定と展示会選択、ブースのデザイン設計、ポスターやバナー、カタログの実制作から、はては一日かけてブース設営に汗を流す現場までも経験してきました。
　私がプロデュースした支援先企業の出展ブースがあまりにも訪問者が多いので、それを聞きつけた主催社が「どうなっているのか」と見に来たこともありました。
　さまざまな会社の出展とトータルに関わる経験から痛感したのは、展示会という"立体的な"販促ツールは、プランナーや広告代理店、設営業者、デザイナー、コピーライターなど、あらゆる立場のスキルを統合した視点で発想していかなければならないということです。

　本書は、川上から川下までを知る現場系コンサルタントの立場から、リアルな展示会活用のノウハウについて書いたものです。
　展示会の選び方からコンセプトの策定法、ブース設計、キャッチコピーやポスターのつくり方、そして獲得名刺のフォローまで。章立ての順番通りに読み、考えて決定し、実行に移していただければ、1度の出展で1年分の見込み客を仕込むことができるはずです。
　さらに、商品のウリを特定する方法にも触れており、いわばマーケティング全般に関わるノウハウも含んでいます。
　実践的なマニュアルとして本書を活用していただければ、ヒト・モノ・カネ・情報に自信のない中小零細企業でも展示会の成果を3倍にすることができる。さぁ、ぜひ一緒に取り組んでいきましょう。

2018年3月　　　　　　　　　　　　　　　弓削　徹（ゆげ・とおる）

# 目 次

はじめに …………………………………………………………………… 1

## 第1章 基礎編
# なぜネットの時代に展示会が活況なのか

1 よくある展示会のカン違い ………………………………… 10
2 展示会出展9つの効果 ……………………………………… 14
3 助成金を活用しなければソンをする ……………………… 29
4 ウェブと連携してこそ展示会は盛り上がる ……………… 32
5 展示会は準備が9割 ………………………………………… 34
  出展お知らせメール文例 …………………………………… 36

## 第2章 準備編
# 出展効果を最大化する準備の仕方

1 目的・コンセプトを決めてシートをつくる ……………… 38
2 ゴールを数値化して明確にする …………………………… 42
3 名刺を集めてはいけない …………………………………… 44
4 展示会の分類と種類を知る ………………………………… 46
5 展示会選びのコツはズラすこと …………………………… 50
6 展示ブースには5つのタイプがある ……………………… 54
7 自社の「ウリ」「強み」を見つける方法 …………………… 58
8 展示要素を決めて"目玉"はひとつに絞る ………………… 64
9 展示する要素をリストアップする ………………………… 66
10 差がつく販促ツールのつくり方 …………………………… 68
11 案内状送付・事前告知を徹底する ………………………… 77
12 上手な外注業者の選び方・依頼の仕方 …………………… 80
  出展コンセプト・クロスシートのテンプレート ………… 87
  Column 外国人来場者への対策も考えておく …………… 88

## 第3章 設営編
# 来場者の目をひくブースはこうつくる

1　小企業の90％のブースは何も伝えていない　90
2　成功したければコストはかけるな　92
3　一等地は通路幅とブースの向きで決まる　95
4　30メートル手前から発見してもらう方法　98
5　わかりやすい集客の仕掛けをつくる　101
6　ブースレイアウトは人の動線を意識する　105
7　ツールの効果で圧倒的に目立つ方法　108
8　来場者に刺さるキャッチコピーの書き方　111
9　ブースのカラー戦略でここまで変わる　116
　　展示会出展コスト計算例　119
　　展示会に効くキャッチコピーの選び方　120

## 第4章 運営編
# 訪問者が途切れないブースはこう運営する

1　スタッフ編成とマニュアルで省力化する　122
2　時間を決めてアポを入れておく　126
3　ミニセミナー開催で来場の理由をつくる　127
4　来場者へのムリな声かけはしない　129
5　ブースでの応対はこれで100点　132
6　刺さるセールストークを磨いて共有する　136
7　効果的なアンケートはこう作成する　141
　　アンケートシート例　144
8　情報や気づきはリアルタイムで共有する　145
9　出展の前後でプレスリリースを発信する　146
　　来場者コンタクトシート例　148

## 第5章 商談編
# 案件のタマゴを商談に育てる方法

| | | |
|---|---|---|
| 1 | 訪問者をＳ・Ａ・Ｂ・Ｃランクに分ける | 150 |
| 2 | 顧客リストは短期・長期計画で追いかける | 153 |
| 3 | 自社の黄金の受注パターンを知っておく | 155 |
| 4 | 特別なオファーで本気度を伸ばす　Ａランク対策 | 157 |
| 5 | メール活用で反応率を高める　Ｂランク対策 | 159 |
| 6 | メルマガで見込み客を育成する　Ｃランク対策 | 161 |
| 7 | 展示会活用をデータで判断する効果測定 | 163 |
| | 来場お礼メール文例 | 166 |

## 第6章 発展編
# 展示会をより強力な武器とするために

| | | |
|---|---|---|
| 1 | よい運営とゴール達成ができたか反省会をもつ | 168 |
| 2 | ウェブを展示会後の受け皿として整備する | 170 |
| 3 | 同じ展示会への出展は３回までにしておく | 172 |
| 4 | 共同出展・キャラバン運営という選択もある | 174 |
| 5 | 世界へ売りたいなら海外展示会に出展する | 176 |
| 6 | 他社ブースから学ぶ10のチェックポイント | 180 |
| | 出展の告知プレスリリース例 | 182 |

おわりに　183

付録　展示会やることスケジュール表例　186

# 第1章

## なぜネットの時代に展示会が活況なのか
## 基礎編

多くの会社が「展示会は効果がない」とカン違いしています。しかし、実情を理解すれば、展示会ほど効率的な販路開拓の場はないことに気づくでしょう。

"カン違い"したままで出展中

# ① よくある展示会のカン違い

### ▶ 社長のもったいない思い込みはどこから

　セミナー後の名刺交換や個別相談などで社長さんと話すと、展示会にたいするイメージがズレているといつも感じます。そうしたカン違いをしていれば、「ウチの規模では展示会に出ても効果がない」という判断になるでしょうし、仮に出展しても成果は上がらないでしょう。

　社長さんたちが抱く展示会のイメージは、おそらく大手企業の展示ブースから来ているのだろうと想像できます。派手なデザインと演出、キレイなコンパニオンさんが何人も配された巨大なブース。「予算をかけてああいうブースを出展できれば、お客さんがたくさん見つかるのだろうな…」。

　いいえ、出展の目的が新規の販路開拓であれば、**高い費用対効果で結果を出している成功者は圧倒的に小さな会社**のほうです。その現実を知らないままでは、あなたの会社は経営的にもったいないことになります。そして、正しい出展方法を知らなければ、得られたはずの顧客層を毎年、逃がしていることになるのです。

　まずは展示会にたいするカン違いを解き、そのメリットを正しく把握していただくところからはじめていきたいと思います。

#### カン違い1　出展には相当おカネがかかる

　前述のように、展示会と聞いてイメージするのは、大手企業が出展する12小間以上のスペースに、「企画しました！」という派手なデザインと光量の映える豪華なブース。

　予算の少ない中小企業が「あそこまではできないが、目立つデザインにしたい」などと考えはじめると、おカネはかかる割に成果の上がらない出展となって、あとで社内問題になるのです。そして、こうした出展社がい

まだに数多く存在するという事実が、あなたの会社が勝つチャンスを広げてくれます。

　そもそも、**ブース設営にかけたコストと集客力はまったく比例しません**。見込み客はあなたのブースのデザインを評価して商談をしに来るのではありません。自社が抱える課題を、あなたの会社が解決してくれるのではないかと考えたから訪問してくれるのです。その仕掛けができるのなら、ブース自体のデザインは平凡でも一向にかまいません。

　出展料も、高額な展示会ばかりではありません。公共主催の展示会では、零細事業者であっても、その気になりさえすれば出展できる価格設定となっています。

　たとえば東京・江戸川区が主催する「産業ときめきフェア」は、区内の事業者であれば1小間（2×2メートル）15,000円で出展ができます。装飾を手作りすれば、2～3万円の経費で何十社もの見込み客と出会うチャンスをつくることもできるのです。

### カン違い2　自慢の商材はすべて展示する

　あなたが1枚の新聞折り込みチラシを手にしたと考えてください。たくさんの商品がちまちまと並び、メリハリのないチラシ。どれがオススメ商品なのかわからず、一つひとつの商品説明も不十分。

　選ぶ側の立場になって考えれば容易にわかることなのですが、「あれもこれも」「すべておまかせください」というのは、何の取り柄も自信もない会社なのではないかと感じてしまうはずです。

　だいたい、「いまウケるのはコレだ！」と決めきれていないのは、一種の手抜きです。そして、中小企業の1小間ブースであらゆるニーズを満たそうというのは不遜であるといってもよいでしょう。

　出展コストを回収しようとして商品をたくさん並べ、それが原因で失敗ブースをつくってしまう。きっと、「ウチの商品もよろしく」と各担当者に言われ、しかたなく商品を並べることもあるでしょう。「ここ、空いて

いるね」と、タナのすき間を埋めようとする上司もいるでしょう。

社内のさまざまな事情はお察しします。けれども、**1〜2小間ブースに4テーマ以上のアイテムを出展すれば、まず失敗**します。ぜひ、来場者の立場になって考えてみてください。

### カン違い3　人気のノベルティで客の気を引く

私自身も主に大手企業の出展を担当しているときは、いまはどんなアイテムが流行っているのか、喜ばれるのかを気にしてノベルティグッズを選んでいました。条件としては、会社の展示内容と関連性があり、来場者に喜ばれ、そして安価なもの。その時どきの空気を忖度して、エコグッズや節約グッズなどをチョイスしていました。

中小企業を支援するようになってからは、社名を憶えてもらい、必要なときに連絡してもらいやすいようにと、デスク周りで使ってもらう文房具に社名ロゴを印刷したアイテムなどもずいぶんつくりました。

しかし、決して潤沢ではない予算を割り振るなかで、だんだん「プレゼント品の魅力で来てもらってもしょうがないのでは」と考えるようになりました。そんな**グッズに惹かれて来た人の名刺をもらっても受注に結びつきはしないのです。**

それでも、アンケートに答えてくれたり、ブースを訪問してくれた来場者へのお礼をカタチにしてお渡ししたいという気持ちは強くある。でも、それは決して人気のノベルティグッズでなくてもよいはず。むしろ、それで来場者の本気度を計る役割も持たせることができたらなおよい。では、どう考えればよいか、は第3章の集客の仕掛けの項目をお読みください。

### カン違い4　キレイなコンパニオンを配置する

展示会の花といえば、キレイなコンパニオンさん、ナレーターモデルさんでしょう。

社名ロゴ入りのコスチュームを着込んだ美人コンパニオンが2〜3人いてくれたなら訪問者が増えるだろう——というのは、一面は真実ですが、

ほとんどは幻想です。

　高額のコンパニオンは、消費者向け展示会や国民全員が見込み客というような大手B2C企業でもない限り、コストのムダといってよいでしょう。来場者の目を引くことはあっても、それがあなたの会社にたいする興味に変化するかどうかは別問題です。

　**コンパニオンが声をかけ、訪問者が1人増えたとしても、商談へ移行する確率の低い名刺が1枚増えるだけ**。むしろ、来場者の切実な課題を解決するという、強いメッセージを掲示したタペストリー1枚のほうが、よほど効力を発揮するはずなのです。

　もっといえば、露出の多い派手なコスチュームのコンパニオンがいることで、堅実な企業イメージが崩れるという逆効果すらありえます。ブースの女性スタッフは、社員でじゅうぶんですし、手が足りなければふつうのアルバイトでもよいのです。

### カン違い5　とにかく声かけして名刺を集めればいい

　例年、展示会への出展業務を新人営業マンに雑用のごとく押しつけている会社も散見されます。社員研修のつもりかもしれませんが、展示会の効果を捨ててしまっているのも同然であり、競合が喜ぶだけです。

　そして戦略もなく、若手営業マンとコンパニオンが盛んに声かけをして獲得するのが名刺です。

　展示会に関わるスタッフとしても、名刺の数が大量であれば達成感は得られます。また、営業部に引き渡す名刺リストは、多ければ多いほど、胸を張ることができることでしょう。

　数字で出てくる結果は評価しやすいので、「よくやった」とほめてもらえるかもしれません。しかし、とにかく声かけをして誘引し、「お名刺を」と見込みのうすい来場者の名刺をもらい、これを苦労してリスト化しても得られるものはあまりないのです。

　つまり、「**大量の名刺**」こそが、**展示会は役に立たないと決めつけられてしまう元凶**なのです。

## ② 展示会出展9つの効果

### ▶ 中小企業こそ展示会活用の勝者になれる

　展示会に出展する際のブース料金は決して安くありません。多くの会社が出展を迷う要因がそこにあるといってよいでしょう。しかし、その費用対効果を計算してみたことはあるでしょうか。

　業態や商材の利幅などによって事情はことなりますので、一律には決めつけられませんが、次のようにソロバンをはじくこともできます。

　ブースに訪れる見込み客の数は1日あたり数百人。仮に、名刺を1日に150枚ほど入手したとします。では、あなたの会社の営業スタッフが、1日に見込みのある客ばかり150社も戸別訪問することができるでしょうか。

　展示会主催会社最大手のリード エグジビション ジャパン取締役で、ものづくりワールド事務局長でもある藤原武史氏は、「展示会は中小企業にとってこそセールスの場として効率が高い。たとえば大手企業の設計責任者に会いたいとして、いくら経費をかければ会えるのか。1,000万円かけてもムリかもしれない。展示会なら数十万円で実現できるのですから」と語ります。

　また、2017年から個人情報保護法が厳格化され、ネットなどで得られるメールアドレスの利用にはかなり制限がつけられるようになりました。現実に対面して得られた名刺や連絡先は個人情報ではあるものの、その運用に差があるため、いま展示会が活況な理由のひとつと指摘する声もあります。

## 展示会出展の効果（1）
### ネットの時代だからこそ、直接会うことで商談が加速

#### 展示会はネットより説得がラク？

　近年は、ウェブサイトをつくりさえすれば安価に集客ができると喧伝されてきました。しかしコストが低い分、どの分野でも過当競争となり、まずは見込み客に発見してもらうことが大きな関門となっていました。

　リスティング広告を使って訪問客を増やそうにも、広告費用は高騰しており、業種によっては1社の見込み客リストを得るのに数千円のコストがかかるケースもあります。

　そして、**販路開拓のツールとしてはインターネットが実はいちばんむずかしい**といえます。リアルな商談と異なり、相手の属性も反応もわからないまま、一方的に説明をしなければならないのですから。これでは、入社3日目の新人営業マンを一人で客前に放り出すほうがまだ有望です。

　だいいち、デザインはともかく、強くわかりやすいメッセージを打ち出せている中小企業のウェブサイトはごく一部です。

　一方、展示会であれば直接、顔を見合わせて反応をうかがいながら説明することができます。訪問者の質問にも、相手のレベルやニーズに合わせて回答ができます。実際に顔を合わせての営業が有効なことは、見た目の印象が重要であるとするメラビアンの法則からも明らかです。

#### ビジネスを成長させるのはリアルな出会い

　「ばくぜんと情報収集をしに来ている来場者が多いからね」との指摘は正しいと思います。そもそも、ニーズがはっきりしていれば検索をして探してもよいのです。

　しかし、ユーザーが自覚していない解決策や未知の新技術は検索されることがありません。かつて、ソニーの盛田元会長が「顧客は何が可能なのかは知らない、知っているのはわれわれだ」と語っています。

つまり、ぼんやりとしたニーズを持つ人がやって来て、あなたの提示するソリューションを聞き、「へぇ、そんなことができるのか」と反応する。それが展示会なのです。

この点は、リアル書店とネット書店のちがいに似ているかもしれません。ネット書店は検索やレコメンド機能があって便利です。しかし、自分も想定していなかった本との思わぬ運命的な出会いが起きるのはリアル書店なのです。

近年は、ビジネス書で刊行されているノウハウと同様のセミナーも増えています。書籍よりも高額で、場所と時間まで限られているのに多くの人が出かけていくのは、講師と会って話を聞くことに価値があると考える人が増えているからにほかなりません。

## 展示会出展の効果（2）
### ふだん接点をもてない担当者が向こうから来てくれる

### 理想の相手が来場するのが展示会

平日の日中、**来場することが許されるのは、直接の担当者や決裁権、予算を持つ人**です。たとえ若手社員であっても、目利きのできる人が来ています。そうした"キーマン"やバイヤーというべき人が、10万人単位で訪れるのが展示会です。

さらに会期の初日には役員も取引先企業のブースへ挨拶するために来場するほか、開会式によっては業界各社のトップや管掌省庁の大臣級までが駆けつけます。

また、たとえば部品を製造・加工しているメーカーは、仕入れ価格を叩くのが役割の購買部とは比較的、容易に取引ができますが、本当にお付き合いしたいのは開発部門です。

開発や設計部門の要求に応える技術力で加工や部品生産をし、利益の出る価格で取引をしたいというのが本音でしょう。

そうした取引の可能性のあるキーマンが、向こうから集まってきてくれて、会場の中でもとくに関連性のあるゾーンをうろうろしてくれるのですから、感謝するほかはありません。全国から来場する企業群へ、こちらから訪問営業に出向くには、どれだけの人材とコスト、時間がかかるのかと考えたら気が遠くなります。

## 名刺にはダイレクトな連絡先が書かれている

かつては業界や企業のリストを販売する名簿屋と呼ばれるビジネスがありました。いまもたまにDMが来ることがあると思いますが、そのグレーさゆえに中小企業でも手を出しかねるところです。しかも、情報の新しさなどの信頼性という点でも不透明であり、単純に会社の代表番号やお問い合せメールがわかったところでラチがあきません。

その点、展示会で入手できる名刺には、あなたの会社の新素材や新しい部品、新しい技術に興味のある当人に直接つながる電話番号（ダイヤルイン、部署別、ときには携帯電話も）やメールアドレスそのものが記載されています。

ウェブ上では、見込み客を捕捉しかけながら氏名やメールアドレスなどの記入がめんどうで離脱されてしまうことが課題です。一方、展示会では記入ミスもない属性すべてのデータが、名刺というカードとなって手に入るのです。

もちろん、「ウチの課題を解決できる新製品、新技術はないか？」と来場者が切実に探し回ってくれたらありがたいのですが、ブース近くを通りかかる人の全員が有力な潜在顧客と思うと間違えます。

前述したように、単に情報収集のために来場する人は少なくありません。それでも、この忙しい時代に、お台場や幕張、横浜など、少々、移動に時間がかかる場所までわざわざ足を運んでくるのですから、彼らもなんらかの成果を期待しているのです。

ここで出展社に求められるのは、具体的な課題やぼんやりとしたニーズ

へ明解に刺さるメッセージの打ち出し方をすることです。せっかく自社の商品が来場者にとって有用であるのに、そこに気づかせることができずにブース前を通過されてしまうのは双方にとって大きな損失です。

## 展示会出展の効果（3）
### 技術・サービスを見える化して明解に伝える

**説明がヘタでも伝わります！**
　いままでなかった斬新な製品、すぐれた技術・サービスほど説明がむずかしいと感じます。さらに、これはあくまで個人的な体感ですが、**よい製品、技術をもっている会社ほど説明がヘタ**です。
　それでも展示会のブースであれば、目の前で実機を稼働させ、資料も見せながら身振り手振りも入れて説明することができるので、さすがに伝わります。営業先に実機を持ち込んでのデモにこぎ着けるのはなかなかハードルが高いものですが、展示会ならそれを当たり前にできます。フェイス・トゥ・フェイスであり、**究極のダイレクト・マーケティング**であるといってもよいでしょう。

　また、相手のニーズに刺さるセールストークが用意できていなくても、聞き取りをした訪問者の課題や業種に合わせて具体的な言葉を尽くして語っていけば、ポイントは必ず伝わります。
　相手の反応も見ながら、どのキーワードやフレーズの反応がよかったか、などのフィードバックを得ることで、あなたのトークはだんだん磨かれていくにちがいありません。

**製品が展示できなくてもこの手がある**
　一方で「これが弊社の製品です！」とモノを展示することのできない業種もあります。加工製造業やシステムベンダー、IT系の会社などです。
　たとえば切削やプレス、メッキなど加工下請けの町工場は、ウェブ上の

表現でも製品写真を掲載できないため説明が抽象的になったり、マシニングセンターなど生産設備の型番を列記することになりがちです。

動画の活用をオススメしてはいるのですが、わかりやすい動画を社内で撮影・編集して多数をウェブに掲載するのはカンタンではありません。

これが展示会なら、加工前後の部品例、いわゆるビフォア・アフターや他社のイマイチな部品を並べて比べてもらうことができます。発注元から展示許可が出ない部品であれば、特定できないように一部をカットしたり、似ているけれども違うサンプルを別に製作すればよいのです。実際に指で触れてもらえば、万言を尽くして語るより伝わるでしょう。

IT企業も、たとえばロボットをつくっているなら本体を置いておくだけで「何ができるのですか？」と質問が飛んでくるはずです。アプリやウェブサービス、システムを製作しているのなら、その場でPCやタブレットを操作して機能性を実感してもらう。あるいは、導入事例を動画だけでなく、ユーザー本人を会場に連れてきてマイクを向け、リアルな感想を引き出すインタビューをライブで見せてプレゼンテーションすることもできるでしょう。

また、高層ビルや住宅の耐震・免震システムなど、展示ブースに持ち込めない大きなモノであれば、ミニチュア模型を使ってわかりやすく提示したり、免震のある・なしを地震装置の上に座って体験してもらうこともできます。

## 展示会出展の効果（4）
### 試食・試販、マーケティング調査の場になる

#### ユーザーの生の声を聞ける貴重な機会

代理店や商社を経由して販売していると、現場やエンドユーザーの要望や困りごとなどの情報を入手しづらいことがあります。これでは商品開発や、カタログに記載するキャッチコピーを書く上でも困ります。

いまはFacebookページでユーザーの情報を得られたり、自社サイトからカタログやCADデータをダウンロードできるサービスによってリストを入手してご意見に触れることもできますが、やはり生の声を聞く機会はとても貴重です。

**どこを疑問に思って質問してくるのか、感心してくれる機能、商談に発展するきっかけとなったひと言はなにか。**ブース訪問者の質問を受けて説明したり、自社商品の特長にたいする反応を見たりするなかから、リアルなマーケティングの知見を得られるのです。

こうした見込み客のダイレクトな反応を、いくらでも観察することができる展示ブースは、値千金といってもよいマーケティング調査の場となります。

## 低コストでマーケティング調査ができる

ブースでは自社商品への購買意向をつかむためにアンケートをとることがありますが、純粋に市場全般のニーズを訊きだしてもよいわけです。たとえば「こんな商品ができたら買いますか？」「あの会社の商品のどこを評価しますか？」「このような機能は必要ですか？」など。

また、いままでB2B商品のみを生産していた会社がB2C市場に進出する場合、バイヤーではなくエンドユーザーや消費者が来場する展示会を出展候補として考えてみるとよいでしょう。

ブースで試作品を使ってみたお客様からの容赦ない評価や、具体的な改善点の気づきが得られますし、食品であれば試食してもらって食味や食感の感想を聞き取ることができます。展示即売ができる場合は、実際にお客様が財布を開いてくれるのかが明確にわかります。

選択式のアンケートから得られるような定量的な調査結果より、定性的な調査にこそ価値があるとする意見もあります。それなら、ターゲットに重なる訪問者にテーブルに座ってもらい、掘り下げた質問を投げかけるデプスインタビューをすることもできます。

もし調査会社を使い、5、6問ていどの設問について200〜300サンプル（人）を集めるマーケティング調査をおこなう場合、集計・分析までを含めれば、出展にかかるコストの数倍の金額を請求されることでしょう。

＊アンケートの作成方法はP.141

## 展示会出展の効果（5）
### 費用対効果は思ったより高い

### 展示会コストはLTVで考える

　LTVとはライフ・タイム・バリュー。つまり生涯価値です。

　仮に展示会出展後の3ヵ月以内に商談化した売上を合計したら、出展コストに見合わず赤字になってしまったとします。しかし、そこからお付き合いがはじまった顧客と、その後**1年、3年と取引がつづいた場合、トータルで得られる利益は大きく**なっていきます。

　さらに、その顧客が別の取引先を紹介してくれる可能性もあります。そう考えると、短期間だけで黒字だ、赤字だと判断するのは早計であるかもしれない。もっと長い目で見なければならないのではないかということです。

　くわえて、中小企業であっても市場での評価や認知度が高まるなどのブランディング効果もあります。

　ただ、忘れがちですが算入が必要なのは、自社スタッフの人件費です。ブースで活躍する頼もしい説明スタッフも、1日外回りをすれば2、3社の契約を取り付けてくるかもしれません。そうした人材が3日間、張りつくとなれば、「展示会で得られた売上」とのトレードオフが生じるのです。

### 「出展料はお高いんでしょう？」

　主催が公共団体である展示会は、出展料が2、3万円から5、6万円ていどと安価に設定されています。協会や業界団体が主催する展示会も、同様の料金で出展できるものが多くあります。

公共主催の展示会では、基本小間や基礎ブースといわれる、カベやカーペット、社名表示、照明（展示会によっては展示台、椅子、コンセント）がセットになった料金設定であることが多く、その場合は自社の商品とポスターやパネルを持参して装飾するだけでカッコウがつきます。

　一方、東京ビッグサイトで開催されるような専門性の高い展示会の出展料は安くはありません。早期の出展申し込みで10～20％の割引を適用してくれる場合もありますが、主催社は出展料の値崩れをとてもきらいます。

　これらの**出展料には、たくさんの来場者を集めることへの対価が含まれていると考えてよいでしょう**。ただ、こうした一般の展示会でも公共団体や自治体からの助成金を活用すると、総コストをかなり押さえることができます。助成金については次項をご覧ください。

---

**1小間ブースの出展料一例（税込）**

［産業ときめきフェア］15,000円　東京・江戸川区（区内事業者）
［産業交流展］54,000円
［江戸・TOKYO技とテクノの融合展］30,000円
［ひがしんビジネスフェア］60,000円
［インタースタイル］101,250円
［ホビーショー］162,000円
［テクニカルショーヨコハマ］140,400円
［ゲームショウ］200,000円
［FOODEX］324,000円
［自動認識総合展］421,000円
［ギフトショウ］399,600円
［ビューティ・ワールド］334,530円
［CEATEC JAPAN］388,800円
［エコプロ］324,000円
［スーパーマーケットトレードショー］189,000円
［ジュエリーフェア］437,400円

---

＊1小間のサイズは各展示会によって異なります。
　（3メートル×3メートル、2メートル×1.5メートルなど）
＊2018年1月現在の価格ですので、出展検討に際してはご確認ください。

第1章　なぜネットの時代に展示会が活況なのか　基礎編

一般的な傾向として、出展料の多寡はその成果に正比例するものです。そのなかで、自社と相性がよいので成果の割に安価に参加できる展示会があったり、まったくコストが引き合わない展示会があったりするのです。

### 展示会は対象者が絞り込まれた"媒体"

では、雑誌広告などと比較したらどうでしょうか。経営誌である日経ビジネスに1ページカラー広告を掲載する場合の料金は税込270万円以上です。日経コンピュータになると、税込130万円ほどと落ち着いてきます。（＊出典：日経BP社プリントメディア総合広告料金表）

しかし、雑誌広告から具体的な引き合いや商談が発生することは望めません。社名認知度の向上やブランディングには効果があるかもしれませんが、かなりユニークなオファーを掲載しないかぎり顧客が具体的な行動を起こすことはないでしょう。

それに、好調な中小企業ほど対象を絞り込んだニッチなビジネスをしています。**狙った対象者にアプローチしようと思えば、マスメディアやそれに準じる媒体に広告出稿することは費用対効果を考えてもムリがあります。**

## 展示会出展の効果（6）
### 主催社が集客する未知の層にアプローチできる

### 主催社と出展社は運命共同体

展示会の主催団体は、日経BPや日刊工業新聞社など、もともとメディアを保有しているところも多くあります。展示会への出展社を増やすとともに、自前の新聞や雑誌、ウェブからの告知で、多くの来場者をリスト化しています。

自前のメディアを持たない主催社でも、**業界誌、一般紙誌へのプレスリリース配信や広告出稿を積極的に**おこなっています。「エコプロ〜環境とエネルギーの未来展」のような一般消費者も来場する展示会では、テレビ

CMすら打たれています。**さらに、主要なバイヤーや来場対象の会社へ直接、訪問して来場意向を高める活動もしています。**

　くわえて、主催社手持ちのリストをフル活用して「前回の開催は大盛況、多くの商談が成立」、「いよいよ来週です！」のように展示会への来場を促すメールを送ってきますし、来場登録をした人には「事前アポイントシステムが便利です」、「注目のブースをご紹介」、「明日まで開催中！」などとプッシュしてきます。

　このような活動が、出展社の保有するリストや見込みターゲットの範疇を超えた客層と出会うことにつながるのです。

### 予期しない分野のニーズと遭遇

　支援先の食品素材メーカー、ユニテックフーズ（株）の担当者は、「こんな業種の人に求められていたのか」と意外なニーズの発見があると語っています。出展を通じ、自分たちの業界内に閉じて思考していては想像することも出会うこともできなかった異業種からのアプローチを受け、「自社の素材がもっている新たな可能性に気づかされるケースは少なくない」というのです。

　つまり、**意図しない業種・分野からの訪問者と話すことで、はじめて**「こういう用途があるのか」「こういう分野にニーズがあるのか」と教えられるわけです。

　展示会の会期を終えた直後の支援先の担当者と会うと、多くの人が高揚感や満足感をまとっているように見えます。それは、ふだん営業に出ない社員も含め、見込み客とダイレクトに接触するなかで、自社商品の価値が市場でどれほど認められているかを肌で感じ、使命感を新たにするようなことがあるからではないでしょうか。

## 展示会出展の効果（7）
### 強みを総括した立体的なブランド構築の機会になる

### ブレずにブランド発信をする場

　かつてC.I.＝コーポレート・アイデンティティがマーケティング業界でもてはやされました。当時のように社名ロゴを3D表現したり、フルカラーで表示したりする必要はありませんが、デザインや色づかい、サイズはルールと一貫性をもって運用したいものです。

　それは、名刺や封筒、看板などの基本的なツールにはじまり、ウェブサイトや会社案内、商品カタログ、社屋・看板、社用車、ショールームにいたるまで、きちんと統一感をもってコントロールされていることが理想です。

　以前に比べてデザインやカラーが価値を持つようになっているいま、企業のアウトプットも表現がばらばらだと、意思統一性に乏しい会社なのではないかと受けとめる人も少なくないでしょう。

　「ブランディング」という言葉もありますが、展示会のブースデザインも、その延長線上に位置します。**展示ブースのデザインと、タペストリーやのぼり、配布するチラシ、カタログなどは、他のツールと同様、均一の品質で貫かれ、連動していることが求められます。**

### その会社は真っ黒で目立つ

　新潟県三条市にある諏訪田製作所は、黒をコーポレートカラー（企業のイメージ戦略色）に定めています。社屋も工場も、ウェブサイトもすべて真っ黒。とうぜん、展示会のブースも黒です。

　切れ味抜群の爪切りを製作している同社は、なぜ黒を選択したのか。

　もともと諏訪田製作所は鍛冶屋さんからスタートしています。鍛冶屋では、火花の飛び散った先に気がつかずに火災とならないよう、作業場の地面を真っ黒にしています。背景が黒いからこそ火の色あいが見やすく、温度も把握がしやすいのです。

そうした経緯や理由があっての黒だからこそ、いっそうカッコウよく見えてしまいます。そして、工場やウェブサイトとも明確に連動した展示ブースは、まさに同社の立体的なブランド発信の機会ともなっているわけです。

一方で、展示会出展というのはブランド価値を再構築するきっかけともなります。つまり、日程の決まっている展示会が締め切り効果となって、スムーズに制作が進むのです。**自社や商品のウリを再度確認し、古くなっていた会社案内や営業カタログなどの印刷ツールをつくりなおすチャンスになります。**

自社の強みは、ふだんは深く考えずに営業しており、ソンをしていることもあるはずです。展示会出展をよい機会として、いまいちど、自社や定番商品の強み、ウリをタナ卸ししてみてはいかがでしょうか。

## 展示会出展の効果（8）
### テレビ、新聞に取材・紹介されやすい

メディアも展示会に注目している

　テレビを観ていると、最近は展示会で発表された新技術をニュースで取りあげているのをよく目にします。また、一般のバラエティ番組でも「展示会で見つけた面白い製品」を紹介するシーンが多くなったように思います。それも、有名企業ではないケースのほうが目立つのです。

　無名の中小企業でも、新技術・新商品のインパクトさえあれば、テレビ番組内で扱われるのだなぁと、気づかされます。

　いまはプレスリリースの効果が企業に浸透しており、その結果、プレスリリースの採用が狭き門になっています。しかし、**展示会の会場には各新聞・雑誌やテレビ局の取材クルーがやってきて、ユニークな商品はないか、絵になるブースはないかと探してくれる**のです。

ふつうにプレスリリースを送ってもなかなか採用されないことを考えれば、すぐそばに取材班が来て「どこを紹介しようか」と探してくれるのですから、確率はグンと高くなります。

　もちろん、すでに取材先が決まっている場合もありますが、それであってもメディアに送られた展示会出展に関するプレスリリースの切り口が評価されたことによるものです。

　私の支援先である老舗の建材メーカー・菊川工業（株）も、ふだんは業界紙誌で取りあげられるばかりだったのですが、エコ街路灯を開発してブースに実機を展示したときはその迫力ゆえか（高さ6メートル）、日本経済新聞本紙が取材、掲載してくれました。

展示会なら取材されやすい

　メディアで紹介してもらうには、やはり写真や動画を撮れる対象＝「絵になる製品」があり、いままでとは異なる機能、特長や「社会への影響」があることが大切です。そのことを、新聞、雑誌、テレビの取材チームの気持ちになって、プレスリリースを書いたり、ブースにメッセージを掲示することが大切なのです。

## 展示会出展の効果（9）
### 業界での存在感・信用力の強化になる

#### ヘンなプライドで出展する必要はないけれど

　業界内であるていどのシェアをとっていても、展示会でその会社のブースが見あたらないと、「そこまでの会社ではないのか」と受けとめられてしまうことがあります。

　また、大手企業などは、効果がないので出展をやめたいが、やめると

「あの会社はだいじょうぶか」という風評を生みかねないのでやせ我慢をして出展しているというケースもあります。

　中小企業はそんなことを気にする必要はありませんが、出展することが業界内での存在感や安定経営のアピールにつながることも事実です。マスメディアへ広告を出稿する機会はあまりないと思いますが、同業界の人たちに「どこかで見た」という意識を積み重ねていくことで、ブランディング効果も少しずつ出てくることでしょう。

### 展示会プロジェクトで会社も人も成長

　以上のように9つの視点から展示会の効果を見てきました。あなたの会社に当てはまるメリットはありましたでしょうか。

　これらのほかにも、商品開発の責任者がユーザーとダイレクトに接触する機会となったり、展示会出展というプロジェクトを完遂することで社員が成長する場となったりする効果もあります。

　前述のユニテックフーズ（株）では、展示会出展を毎年の新入社員の研修として組み込んでいます。展示会の担当をつづけているリーダーの指揮下に入り、企画や準備、印刷発注、当日の接客など一通りを経験するのです。**展示会出展はいろいろな要素を含むプロジェクトとして、多くの実務経験を積むことにつながり、社員の成長が実感できるそうです。**

　昨今、外部に研修を依頼すればそれなりの金額がかかります。「名刺を100枚集めてこい！」などという極端な新入社員研修をおこなう会社もありますが、本当に1日で100枚以上の名刺を交換するのが展示会。実務に即したものではない研修に比べれば実践的かつ多面的であり、展示会プロジェクトは人材育成にもうってつけです。

# ③ 助成金を活用しなければソンをする

## ▶ 助成金を活用していない中小企業

　自治体や公共団体からは、展示会に限らず人材活性化、設備投資などさまざまな助成金、補助金の施策が企業向けに実施されています。ところが、中小企業はこれを上手に活用できていません。

　トヨタ出身で助成金申請などのコンサルティングをしている知人は、「本来、中小企業向けの助成金でも、むしろ大手企業ばかりが抜け目なく使っている。小さな会社こそ、もっと助成金の情報に敏感であるべき」と話しています。

　私も、支援先企業にはたまに助成金の情報を伝えますが、「なるほど、いいですね」と応えてくれはするものの、申請書類の煩雑さをきらうのか実際には活用しようとしないことがほとんどです。

　申請の手続きが面倒であるなら、コンサルタントや中小企業診断士など代行してくれる専門家はたくさんいますので、委託すればよいのです。手数料を支払ってもプラスになるはずですから。

## ▶ 展示会への助成金メニューは増えている

　展示会向け助成制度の具体的なものとしては、たとえば東京都中小企業振興公社が実施している「展示会等出展支援助成事業」があります。

　手元にある案内チラシを見ますと、助成限度額は150万円（全体の3分の2以内）までと記載されています。以前は100万円まででしたので、増額されています。この金額は、出展料はもちろん輸送費やカタログ制作費などの用途にも使うことができますので、ぜひ検討してみてください。

　東京都ではそれぞれ区ごとに「見本市等出展助成事業」（足立区）や「展

示会出展支援」（台東区）などの施策をおこなっています。

　実際の活用例ですが、あるとき環境関連の展示会で私の支援先企業のブースのとなりに出展していた企業の社長と話をして驚いたことがあります。

　その会社は、1小間であるとはいえ、助成金の活用によって15万円ていどのコストしか負担していないというのです。私の支援先企業は3小間のスペースとはいえ、設営・装飾料金などを含めると180万円ほども支払っていたというのに。このケースで活用されていたのは、都内でも町工場の多い区による助成金でした。

　その他、各市町村の商工会・商工会議所などが主催する展示会や、展示会向け助成金があるはずです。また展示会・見本市向けでなくても、販路開拓のコストへの助成であっても活用できますので、ぜひ調べてみてください。

　**10万円でも、20万円でも助成金を得ることができれば、その分、出展における費用対効果がぐんと高まる**ことになります。知らなかった、使わなかった、では大きな損失です。

| 東京都の助成金例　2017年現在 | | |
|---|---|---|
| 東京都中小企業振興公社 | 最大150万円 | 3分の2以内 |
| 新宿区 | 最大10万円 | 3分の2以内 |
| 品川区 | 最大国内20万円　海外50万円 | 3分の2以内 |
| 文京区 | 最大国内10万円　海外30万円 | 2分の1以内 |
| 目黒区 | 最大15万円 | 3分の2以内 |

### ▶ 前向きな企業に行政は手を差し伸べる

　東京23区では上記の他にも台東区、江東区など、全部で6区が助成金を設定しています。東京都以外でも各県・市町村の産業振興センター、財

団、公社などでも設定があることと思います。

　各助成金の用途は、出展料やブース設営料だけでなく、カタログや会社案内の制作・印刷料でも問題ありません。また、展示会対象の助成金ではなく、"販路開拓"や"市場開拓"、"海外展開支援"などの名目であっても、もちろん申請、活用が可能です。

　ユニークなビジネスである、有望な事業だ、と行政に認識されると、「無料だが出展しますか？」というオファーが来るようになります。私の支援先でも、担当者が「○○○ショーという展示会に出ることになりました」というので、「あの展示会は1小間40万円近いでしょう？」と返すと、「いいえ、今回は無料です」、「???」。ということがあるのです。

　また、ある北関東の県からは、上海で開催される中国最大規模の国際展示会に、小間料、基本装飾料、通訳料を県が負担するので、渡航費用と手数料ていどの3万円のみで出展できる、というオファーが来ました。

　中小企業を支援する組織、県や市、町村とのよい関係は、露出する機会を広げてくれるのです。

■展示会の助成金を検索できるサイト
**中小機構［J-Net］　支援情報ヘッドライン**
http://j-net21.smrj.go.jp/snavi/support2
※検索の仕方＝「助成制度・公募」のタグを選び、「支援制度を選択」から「補助金・助成金、委託費」を選択。フリーワードに「展示会」と入れて検索。

# ウェブと連携してこそ展示会は盛り上がる

## ▶ 販路開拓はバランスで考える

　ウェブマーケティングが限界を迎えたこと、そして売り込みが嫌われる時代になったことも、展示会が盛んになっている要因のひとつであると前段で述べました。しかし、ネット活用や人的営業を辞めてしまえ、と言っているわけでは決してありません。

　依然、ネットが低コストであるのは事実ですし、人が動くセールス活動も大切です。販路開拓と売上達成の計画目標を立て、ネットと人的営業と展示会などの販路開拓手法を組み合わせ、補完関係を構築していく。それでこそ、新規顧客の獲得数が年間を通じて安定し、リスクが低減します。

　たとえば販路開拓のツールを、インターネットで30%、人的営業・紹介で30%、展示会で30%、その他（広告、プレスリリースなど）10%、というようなバランスで活用を考えるのです。

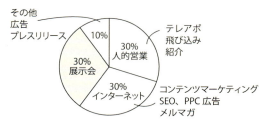

## ▶ ウェブと展示会を連動させて効果を高める

　かつて、クリック&ブリックというキーワードがありました。パソコンと実店舗、つまりネットとリアルの連携で相乗効果を高めていく手法のことです。ウェブと展示会の関係も似ており、両者をうまく組み合わせてこそ、その価値は最大化します。

　展示会で興味を持ったユーザーがウェブサイトを訪れて確認をする。そこにブースで聞いた説明やもらったカタログ以上のくわしい情報や導入事

> **補完関係ツールとしてウェブを活用する**
> □メルマガや企業サイトで展示会出展を告知する
> □出展告知のプレスリリースを配信する
> □出展内容をフォローするランディングページを開設する
> □FacebookページなどSNS、ブログを活用して拡散する
> □訪問者への情報ダウンロードサービスを提供する
> □マーケティングオートメーションを利用する

例の動画があれば、さらに購買意向は熟していきます。

そのためには、展示ブースでQRコード（二次元バーコード）などを提示してアクセスしやすくすることも有効でしょう。展示会の期間中と前後を比較すると、訪問者数が有意に変化していることがわかるはずです。

## ▶ ウェブと展示会は相互に支援し合う関係

一方、ウェブサイトから見ても、デジタルな入口だけでなく、アナログな入口を持つことによって存在意義は高まります。

また、ウェブサイトの資料請求やメルマガ購読で得た見込み客を成約へと育成する中で、営業訪問やセミナーに招待するなどのリアルな接触へと転化する段階がありますが、展示会もその有力なステップのひとつです。つまり、**展示会で得た出会いをウェブで育成することもあれば、ウェブで獲得した見込み客を展示会で説得するという流れもありえる**のです。

媒体広告を出しても、どれほど認知度が向上したかは測りにくいといえます。米国広告業界のジョークに、「広告費の半分ほどはムダであることはわかっている。しかし、問題はどの半分かがわからないことである」というものもあります。

しかし、ウェブ集客と展示会が似ているのは、どちらもしっかり効果測定ができるという点です。展示会をきっかけにメッセージの打ち出し方を見直し、来場者の反応をフィードバックしてウェブも充実させていくPDCAを回すこともできます。

# ⑤ 展示会は準備が9割

## ▶ 展示会はスタートではなくゴール

　展示会は会期が終わったら「お疲れさま！」ではなく、そこからのフォローが大切、とはよくいわれるようになりました。そのため、集めた名刺へのフォローや営業にいそしむ会社も増えていることと思います。

　しかし本当は、展示会の成果は準備段階でほとんど決まってしまうというのが現実です。展示会の会期中、**たくさんの来場者を集められるかどうかも事前の企画しだい。スタッフが訪問者に最適な説明をできるかどうかも準備しだいです。**

　つまり、会期までに入念な準備をもって集客を積み上げることができたか。来場者を誘引する魅力的なブースを企画・設営できたか。招待状や案内メールの送付や企業サイト、SNSでの告知、電話や訪問しての案内までを実践できたか、ということなのです。

　さらに、展示会が終了したあと、獲得した名刺をリストにして商談化に成功するかどうかも、その追いかけ方を出展前にきちんと練り上げた段階ですでに結果が出ているのです。

　それゆえ、展示会はスタートではありません。ほぼゴールなのです。

## ▶ モレなく遅れなく準備を進める

　準備しなければならないことはブース設営と印刷物などだけではありません。まず、展示会を選ぶ、コンセプトを決める、そして目標を決める、集客を考える、フォローの仕方を考えるなど、意思決定の連続です。

　そのため、スケジュールは項目のモレがないようにガントチャートなどで計画を立て、協力会社や発注物などもきちんと組み込んでおく必要があります。＊スケジュールのひな型は本書末尾にあります。

自社の展示会を上手に企画・運営するために、できれば日頃から、少なくとも出展の日程が決まったら、いろいろな展示会に出かけてみてください。来場者の立場から気になる部分を観察することで、客観的な視点を持つことができ、企画するうえで役に立つはずです。

　評価するべき目のつけどころは、第6章で項目にまとめていますので参考にしてください。

　また、はじめて出展する場合は、出展社が事前に開催する説明会に必ず出席しましょう。出展マニュアルが配布され、効果的なブースの装飾についても指導をしてくれる場合があります。

　さらに、主催社のサイトで専用ページにログインするとさまざまな情報を得ることができます。出展社が提出しなければならない書類が提出済みかどうかの確認や、搬入のための車両証や展示会のバナーのダウンロードが可能です。出展に関するFAQが用意されていることも多く、だいたいの疑問は解消できるでしょう。

　ここまでお読みいただいたことで展示会に対する誤解が解け、インターネットの時代にあえて展示会を活用することのメリットをご理解いただけたことと思います。

　そのマインドセットを手のひらに乗せたうえで、自社にとって最適な展示会活用の仕方とはどのようなものかを考えてください。販路開拓のツールとしてどのような役割を持たせるのかを決めてください。

　そして、次章以降に述べるノウハウの順番に沿って手を動かしていくことで、これまでに失敗をした会社さんやはじめて出展する会社さんであっても、コストをかけずに競合の5倍、10倍の成果が上がる展示会活用を実現できるものと考えています。

## 出展お知らせメール文例

［件名］
【健康EXPOに出展します】株式会社ABC

［本文］
平素よりABC社をご愛顧いただき、誠にありがとうございます。
このたび弊社では、国内最大級の健康産業の展示会「健康EXPO 2018」に出展いたします。

今回は、新商品「AIスキンケア・システム」をご紹介いたします。
これは、新開発のモイスチュアマシンによりお肌の状態・タイプを診断、お一人おひとりに最適なオーダーメイドのクリームを製作するシステムです。個別のお悩みに応えることでお客様満足を高め、より付加価値のある継続的なビジネスの実現につながると考えております。

お忙しいこととは存じますが、ぜひ会場へ足をお運びいただきたくご案内を申し上げます。

なお、本展示会ご来場に際しましては招待券が必要となります。
事前にご連絡いただければ弊社より招待券を発送させていただきます。
また、誠にお手数ですが下記アドレスより無料招待券のご請求もできます。

https://www.kenko-expo.com/regist/
--------------------------------------------------
日本最大級の健康産業展示会「健康EXPO 2018」開催概要
URL：https://www.kenko-expo.com/
会　場：東京ビッグサイト　東1・2・3ホール
　　　　〒135-0063　東京都江東区有明3-11-1
会　期：2018年8月22日（火）〜24日（木）
時　間：10:00〜18:00（最終日は17:00まで）
ブース：12A-345
--------------------------------------------------
ご不明な点は、弊社までお問い合せください。
・・・・・・・・・・・・・・・・・・・・・・・・・
株式会社ABC
代表取締役　鈴木一郎
TEL：03-3333-1111
東京都中央区日本橋1-1-1
mail：info@abc.com
・・・・・・・・・・・・・・・・・・・・・・・・・

# 第2章

## 出展効果を最大化する準備の仕方
## 準備編

展示会は準備しだいで、その成果が決まる。達成するべき目的を明確にすれば、あとは手順に従うだけで成功への道筋が見えてきます。

ゼロから考え直していきましょう！

# ① 目的・コンセプトを決めてシートをつくる

## ▶ 出展企画をスムーズに進める"ものさし"

　展示会出展の作業を進めていくにあたり、目的や狙いを明文化したコンセプトをつくります。それは、何かの決定に迷ったときに判断の拠り所とする基準であり、出展に関わるスタッフ全員で共有するものです。

　コンセプトは言葉にすることで定義され、ブレずに意思決定をしていくための"ものさし"になります。

　しかし、このコンセプトを明文化するうえで、とくに専門的な知識が必要なわけではありません。**コンセプトというマーケティング用語の意味に忠実であろうとするのではなく、「趣旨」や「意図」と言い換えてもよいですし、あるいは「テーマ」と考えてもかまいません。**

　ひとつだけ忘れないでほしいのは、"客観的に考える"こと。私は、いつも「企画するということは、客観的になるということです」とお話ししています。同じ業界、同じ会社に長くなると、気づかないうちに独りよがりになり、お客様の視点を持つことができなくなってくるものです。

## ▶ コンセプトを考えるための手順

　まず、展示会に出る目的は何かを考えます。

　究極のところ、それは自社の売上げを上げて利益を増やすためですよね。そのためには取引、つまり成約が必要で、成約を増やすためには新規顧客が欲しい。あるいは、単純に販路開拓、販売促進だけでなく、新商品の発表やテストマーケティングの機会としたい、代理店・問屋など提携先の出会いが欲しい、などが狙いかもしれません。

　基本的な例を次にあげましたが、「新商品の取扱代理店を5社、見つける」というように、より具体的なほうがよいのです。ただし、いくつもの

目的を同時に達成しようとすれば、結局は何もできずに終わることにもなりかねません。できれば目的はひとつに絞ってください。

> **展示会出展の目的例**
> ● 販路開拓・販売促進
> ● 新商品の発表
> ● テストマーケティング
> ● 代理店など提携先の発掘
> ● 認知度の向上
> ● ブランディング

　次に、その目的を達成するために、狙うべきターゲットは誰で、来場する展示会はどれか、何をどのように紹介したら響くのか、まずはどう行動して欲しいのか、などを考えます。このとき、ターゲットは広くとりすぎず、ほどよく絞り込んでください。

　以上の項目を整理し、展示会で**「誰に、何を、どう訴求し、どう行動してもらいたいのか」**を書き出していきます。もっとも重要なのは「何を」。これは製品の「価値」、「問題解決策」と言い換えてもよいでしょう。

　それらを共通言語として文章化すれば完成です。できたコンセプトは、キャッチコピーを書くときの土台にもなります。

> **コンセプトをつくるポイント**
> ①出展の目的を決める
> ②「誰に、何を、どう訴求し、どう行動してもらいたいのか」を書き出す
> ③顧客がふだん使っている言葉で考える
> ④自社・商品のウリを顧客の都合で見つめなおす
> ⑤展示ブースが来場者からどう見えるかを考える
> ⑥20字前後ていどに収める

　たとえば、apple社のiPodを例にとって考えてみましょう。「どこでも音楽を聴けるコンパクトなオーディオです」というコンセプトはそれまでにもありました。

iPodの差別化点は「楽曲が大量に入る」ということ。
　そこで、コンセプトは「大量の曲を持ち歩いて聴けます」となります。これをキャッチコピーにしたものが、「1000曲をポケットに」というシンプルな1行なのです。

### ▶ コンセプトの作例①ベルトコンベアメーカー

　あるベルトコンベアメーカーのウェブデータを丹念に調べていると、あまりメーカーは使わないけれど、雰囲気の伝わる「バタツキ」という単語で検索するユーザーが少なくないことに気がつきました。
　業界の共通用語ではないのに顧客が使っている言葉を知る方法には、自社サイト訪問者の検索ワードを調べる、商品カテゴリーワードと共に検索されているワードを調べる、などがあります。
　こうして発見したキーワードはウェブ本文に使うことも有効ですし、展示会の場でもずばりのユーザーに注目してもらう効果が見込めます。

　　コンセプト案　　「コンベアベルトのバタツキを防止できる〇〇〇」

　これをさらにキャッチコピーに生かすなら、「コンベアベルトのバタツキを一発解決！」のように端的な表現にしていくとよいわけです。

### ▶ コンセプトの作例②シャンプーメーカー

　アミノ酸系のシャンプー製品を、美容商社や美容室オーナー、ドラッグストアバイヤーへメッセージしたいとします。展示会の来場者がエンドユーザーではない場合、取り扱う中間業者にとってのメリットになるウリを訴求することになります。

　　コンセプト案　　「女子が選ぶ、髪にハリコシが戻るシャンプー」

「ハリコシが戻ります」ではなく、「世間の"女子"のニーズはハリコシです」という市場性の提案になっているわけです。

以上のように、スタッフ間で共有できる「合い言葉」をつくるつもりで取り組んでください。コンセプト文は、見込み客の目を引く魅力的なキーワード候補を使うと効果的ですし、セールストークをつくるときの骨子にもなります。

この考えの流れを、そのままワークシートにしたのが［コンセプト・クロスシート］です。展示会に出展するたびにこのシートを埋めて、基本的な考え方を整理して活用してください。

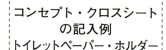
コンセプト・クロスシートの記入例
トイレットペーパー・ホルダー

**コンセプト・フロー**

**コンセプト**
高齢者、半身マヒの人が片手でトイレットペーパーをカットできるホルダー

**メッセージ・フロー**

**テーマ・キーワード**
半身マヒの人へ
片手でカット
特許商品
「ワンハンドレット」

**キャッチコピー**
「片手でらくらくトイレットペーパーをカット」

**セールストーク**
ペーパーを押さえず
片手で引っ張り使える
手を触れず衛生的
病院介護施設の感染予防
企業は障害者雇用へ

**評価／効果測定**
提携先候補が3社
3Dサンプル製作会社
病院など4件の引き合い
数値にすると…

## ② ゴールを数値化して明確にする

### ▶ 目的達成度をはかる KPI を決める

展示会の終了後、コンセプトをつくる際に決めた目的が達成できたかを客観的に判断できるようにするためには、数値目標を掲げることが必要です。そのような数値目標をKPI（キー・パフォーマンス・インジケーター）と呼びます。

すぐに集計できる数値としては、獲得した名刺の数、配布したカタログの数などがあります。本来は、最終的な成約や売上金額としたいところなのですが、これらは結果が出るまでに時間がかかります。

また、名刺やカタログ配布の数値なら「1日150枚（部）」のように目安となるレベルを設定することが容易です。ある支援先企業では、2小間ブースであれば名刺は1日に200枚を目標としています。

ちなみに、名刺や商談の元をリードと呼びますので、CPL（コスト・パー・リード）は見込み客1件あたりの獲得コストをみる指標です。

| KPIとなる数値目標（数値は例） | |
| --- | --- |
| 名刺獲得枚数 | →100枚/日 |
| カタログ配布数 | →100部/日 |
| アンケート回答数 | →50人/日 |
| 見積・デモ依頼件数 | →10件/日 |
| 引き合い・商談発生数 | →5件/日 |
| 代理店・提携先獲得件数 | →1社/日 |
| アポイント獲得数 | →5件/日 |
| 売上金額（1年内など） | →1,000万円/出展 |
| ウェブサイト問合せ件数増減 | →20%/出展 |
| 電話問合せ件数増減 | →15%/出展 |
| セミナー参加者数 | →80人/出展 |

## ▶ 数値目標があることで会社は成長する

　以上の他にも、社名を露出したことで自社の認知度が高まる効果もあります。しかし、認知度調査をする機会もあまりないと思いますので、それはあくまで期待値に含まない副次的な効果と考えておくほうがよいでしょう。

　どの数値を基準とするかは、会社の考え方や商材の性質によっても異なります。ちなみにイプロスの調査データによりますと、効果を測定する対象は、商談発生数が62.4％、名刺獲得数が53.9％、見積・デモ依頼発生数が46.4％、成約数・成約金額が26.9％、アンケート回答数が23.7％、特になしが6.4％、その他が1.6％となっています。

　比較しやすい数値的目標があることは、自社の展示会出展のスキルを伸ばすことにもつながります。最初は、出展しても思うような成果に結びつかないかもしれません。目標として設定した数値の性質が、自社のビジネスモデルと合っていないことに気づくこともあるでしょう。

　しかし、それも進歩です。**目標を設定したからこそ気づくことができたエラー**です。次の出展では、より照準の定まった目標設定が可能になるでしょうし、なぜ目標に届かなかったのかという原因を探ることもできるでしょう。その原因を取り除き、次回こそは目標を達成しようとがんばっていくことで、あなたも会社も成長していくのです。

　展示会に出るための企画書や稟議書を社内向けに書く必要がある場合は、次のような項目を入れた書式にするとよいでしょう。

---

目的　対象　目標　概要　予算　内容　スケジュール　費用対効果

---

# ③ 名刺を集めてはいけない

## ▶ 名刺をたくさん集めるから失敗する

　展示会の失敗は、名刺を集めすぎることから生まれます。

　もちろん、いちばんひどい失敗では名刺も集まりません。そして、まあまあ名刺を集めるけれど、結局はフォローできずに終わっているという失敗のパターンもあります。しかし、やる気のある会社によく見られるのが、「名刺を集めすぎてしまう」失敗なのです。

　大量の名刺を集めれば、展示会スタッフは達成感を得られます。展示会の成功を示す実績として、社内でも成果を評価されるかもしれません。ところが、**展示会について社内から出てくる第一の不満は、「商談につながる割合が低い」**。

　集まった名刺が有効な商談に発展する属性を持っているのか、またその名刺をきちんと追いかけることができるのかが問題なのです。

　大量の名刺を自慢げに持って来るものの、営業部が当たってみたらまったく商談へと育たない。そうなると営業部長が、「おれたちの時間をムダにしないでくれ！」と怒り出すわけです。

　たとえ見込みの低い名刺でも、大量に集められれば、そこに含まれる商談の絶対数は多いはず、という意見もあります。しかし、問題は営業する人のモチベーションです。

　いくら営業をかけても反応のない大量リストを渡された営業スタッフの脱力はいかばかりでしょうか。この手応えのうすさから、「展示会チームは何をしているのだ」「やはり展示会は役に立たない」という意見が湧き起こってくるのです。現場から不満が漏れ、結局はリストの3分の1ていどしか追い切れずに投げ出してしまえば、それは出展コストの3分の2を捨てているのと同じことです。

会期中も、ノベルティなどを配って名刺交換の数が増え、訪問者対応に追われていると、ブースの活況さゆえに手応えは感じられるかもしれません。しかし実際は、訪問者への個別説明がおろそかになり、購買意向を見きわめることもできていなかったりするのです。

## ▶ 本当に欲しいのは"濃いリスト"

　大手と中小の違いのひとつは、営業スタッフの数です。たとえば、全国に支店があって営業マンが300人おり、営業部長の強い指導力があって、100枚の名刺に片っ端から電話をかけて30社は訪問して3社は受注できるとなれば、とにかく名刺を数多く集めて商談化する努力とテクニックを駆使していく、という考え方もあるでしょう。

　しかし、営業スタッフやアポイントを取る部隊の人員が限られている中小企業では、得られた名刺を追いかけるのもたいへんな作業（＝コスト）です。社長や開発スタッフが兼業で営業をするような会社であれば、「リストは少ないが内容は濃い」というほうがどれほどありがたいか。

　つまり、マーケティング部門または展示会担当者は、少ないけれど次つぎと成約するリストを渡してこそ、優秀だ！ とほめられるのです。

## ▶ かしこい会社は効率を追いかける

　そもそも、最近は名刺を出し渋る人もいます。連絡先を渡してしつこく営業されたら困るし、名簿屋に売られてしまうリスクさえある。むやみに名刺を集められる環境でもなくなってきているのです。

　数は少ないけれど濃いリストを集めることができれば、追いかける人員の工数は少なくてすみます。商談化する確率が高ければ、モチベーションは上がり、展示会は役に立つというプラスの評価が定着していきます。

　ヒト・モノ・カネが限定的である中小企業にとって、どちらが選択するべき道なのかは、ぜひ考えなければならないことだと思います。

# 展示会の分類と種類を知る

## ▶ 自社に適した展示会を選ぶには

　展示会を分類する軸はいろいろあります。まず、展示会と見本市は違うのだ、という人がいます。商品を展示して説明するイメージの強い展示会にたいして、見本市は商品見本をブースで確認し、すぐに発注にいたるのだというわけです。海外の展示会は商談を前提とするトレードショーであり、日本の展示会文化はまだそこまでいたっていないともいわれます。

　つぎに、専門展か、総合展か。業種を絞って開催される展示会が専門展であり、業種を問わない展示会、またはものづくり企業のみ、などの展示会は総合展と呼びます。総合展は自治体や公共団体による主催が多く、専門展は展示会主催専業の会社、または業界団体や新聞・雑誌社による主催が主になります。

　また、どんな会社も出展できるオープンな展示会がパブリックショーであるのにたいし、大手メーカー・商社がグループ企業や取引先に声をかけて開催するクローズドな展示会をプライベートショーと呼びます。

　プライベートショーのなかには「お付き合い」の性格が色濃いものもありますが、関係企業内で売上を還流させようとする意思が強くはたらけば具体的な受注が発生する見込みは高いといえます。

　また金融機関の中にはビジネスマッチングの延長として展示会を主催しているところがあります。東京都東信用金庫さんは毎年、「ひがしんビジネスフェア」を開催しています。出展料は1小間（2×1.5メートル）6万円。あなたの地域にも、信金さんが主催する展示会があるのではないでしょうか。

　このほかにも、来場者が企業・バイヤーなのか、一般消費者なのか──。全国的な展示会なのか、地域限定なのか。展示即売できるのか、で

きないのか、などで分類されます。

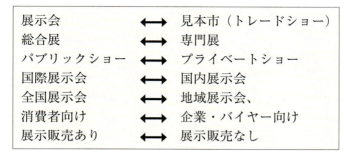

## ▶ 来場者の属性に着目して選択する

　公共主催の総合展では「業種」ではなく「地域」や「事業者規模」で出展社が集められます。

　あまりターゲットを選ばないビジネスならよいのですが、専門性の強いB2Bやニッチなビジネスは来場者数の多い割には手応えが物足りない結果になってしまうケースがあるかもしれません。ただし、競合する会社が少ないので、出展社同士の商談や提携が数多く見られる傾向があります。

　一方、町工場が集積していることで知られる大田区では「大田区加工技術展示商談会」「おおた工業フェア」「フード展示商談会in大田」などを主催しており、これは地域と業種の両方が切り口となっていますので、来場者の狙いが均質であることが期待できます。

　**企業の担当者やプロのバイヤーが訪れるのか、一般消費者が来場するのかについては、徐々に境界線が曖昧になってきています。**その背景には、メルカリやamazonマーケットプレイス、バイマのようなC2Cビジネスの拡大があります。

　そのため、たとえばファッション雑貨EXPOやベビー＆キッズEXPOなどのような展示会では、商材を探しに来るビジネスマンだけでなく、自分が気に入ったモノを買い付けてネットで販売したいというセミプロも来場するのです。

## ▶ 展示会は多様化・細分化している

　講演やセミナー講師として集客する側の立場で見ていますと、セミナータイトルは「粒度」でよしあしが決まります。「粒度」とは粒の大きさ。つまり、あまりにも範囲が大きいと一般的過ぎて、流されてしまう。逆に小さく絞り込みすぎると対象者は少なくなる。ほどよいサイズのニッチさが、ちょうど自分ごとと感じた人を巻き込むコツなのです。

　その点、主催社は拡大しそうな分野の市場スケールをいち早くつかんで展示会を立ち上げる嗅覚を研ぎ澄ませており、結果として展示会はほどよく絞り込まれたものが多くあります。

　そのほどよい専門性ゆえ対象業界の人は「行かなくちゃ」となるのです。さらに、会場の中で近似業種のブースをまとめてゾーニングするため、その一帯はさながら専門業者の街となり、来場者は効率的に回遊することができます。

　なかには［寺社設備産業展］（神社・寺院）という絞り込まれすぎた感のある展示会もあったりしますが、同時に［エンディング産業展］（葬祭業）と［ジャパンストーンショー］（墓石）という展示会も開催されますので、ほどよい集客が望めるというわけです。

## ▶ どんな展示会があるのかを探す方法

　カンタンなのは、来場者のつもりになって「○○○（自社の商品カテゴリー）＋展示会」で検索してみること。あるいは「競合社名＋展示会」で検索をしますと、競合企業の出展報告などのページがヒットして、展示会名がわかります。

　検索結果に不要なノイズが混ざるのをさけるため、「競合社名＋展示会△intitle：お知らせ」で検索すると、より純粋な結果が得られます。

　業界紙誌の広告をあらためて見ますと、主催社が出展や来場を促す出稿をしていますので、これも参考になります。

また、中小機構では主な展示会のスケジュールをウェブに掲載しています。

**中小機構［J-Net21］主要展示会カレンダー**
http://j-net21.smrj.go.jp/watch/eventcalender/

　その他では、東京ビッグサイトのウェブで「1年分のイベント情報」が見られますし、ジェトロのウェブサイトでも「これから開催される見本市・展示会一覧」のページがありますので参考にしてください。

### ▶ 主な展示会場と今後の傾向

　首都圏の展示会場には［東京ビッグサイト］、［幕張メッセ］、［パシフィコ横浜］、［さいたまアリーナ］などがあります。その他では［サンシャインシティ・コンベンションセンター］、［東京国際フォーラム］、［都立産業貿易センター台東館/浜松町館］、［TOC有明］など。
　やや東京都心から離れている幕張メッセの来場者は、遠路をいとわず来ている分、本気度が高い、商談化する確率が高い傾向があるとされます。また、いずれの会場も、雨の日や台風の日の来場者は同様に本気度が高いといわれています。
　その他では、［インテックス大阪］、［ポートメッセなごや］、［マリンメッセ福岡］、［西日本総合展示場］などが定期的に展示会を開催しています。
　世界の主な国々と比較したとき、日本には展示会場の数も面積も足りないといわれており、今後は増加していくことが期待されています。観光庁では、展示会や国際会議、イベントなどを意味するMICEを開催、誘致する政策を推進しており、受け皿となる建築物の建設も計画されています。

# 展示会選びのコツはズラすこと

## ▶ 展示会を選ぶための着眼点

　出展してから「しまった、思ったような展示会ではなかった」というような失敗をさけるためにも、日頃から来場者としてさまざまな展示会に参加しておきたいものです。

　来場者の立場で申込みから来場までをした経験があれば、会場の規模感や来場者層の様子もわかります。主催社が例年どれくらいの集客活動をおこない、登録・来場を促すプッシュメールがどれくらい来るのか、なども体感することができるでしょう。

　また、はじめて関わる展示会であっても、前年開催時の模様や来場者数などの記録はウェブサイトでも確認することができます。それぞれの**展示会には媒体資料があり、どのような業界のどのような地位の人が何人来る**、などの来場者の属性や人数のデータが開示されています。さらに、実際に出展検討の候補に入れ、出展社向けの説明会に行けば詳細な資料をもらうことができます。そこで入手した情報やデータを読み込み、自社が狙う対象者と出会うことができるのかを見きわめて決めるのです。

| 展示会資料項目 |
|---|
| 展示会名 |
| 開催場所 |
| 来場者属性（業種、職種、役職、バイヤーか消費者かなど） |
| 来場者数（前回実績） |
| 出展社数 |
| 出展社属性 |
| 出展料（1小間） |
| 入場無料/有料 |
| 主催社（専門業者、業界団体、媒体社、行政など） |

コストについて言うと、出展効果が高ければ料金も高いのは当然であり、反対に安かろう悪かろうもあります。しかし、同じような商材を持つA社とB社が同じ展示会に出ても成果がことなるなど、会社によって向き不向きがあることも事実です。ということは自社と相性のよい展示会、少しでもコストパフォーマンスがよい展示会を求めて試行錯誤をしていくことが必要なのだとわかります。

### ▶ ど真ん中の展示会を選ぶと失敗する

　最適の展示会を選ぶには、自社商品のウリ、強みを「買いたい」といってくれるお客様が多く来場する展示会は何か？　を突きとめることです。どの業界を狙えばよいか、その業界に関連する展示会はどれなのか。
　ときには、**業種などのカテゴリーはズレているものの、訪れる典型的な来場者層が自社の狙う顧客層と重なっている展示会を探すという考え方も**あります。
　あるとき、ドレスやバッグ、シューズなどファッション関連の展示会で、"撮影システム"を販売しているメーカーさんが出展しているのを見ました。紹介しているのは、商品などをキレイに撮影できるカメラと台と照明をセットにしたものです。
　周りは、アパレルブランドやバッグメーカーが、ブティックのようなブースで「オーダーメイドお受けします」などと打ち出していますので、かなり異質でした。しかし、来場者はブティックやネット通販会社の人たちであり、周囲の出展社とともに、カタログやウェブ用に洋服やバッグ、シューズの写真を美しく撮りたいというニーズがある。
　会場の中では異質であるものの、考えてみれば周りはすべて見込み客なのです。その狙いは当たったようで、ブースはかなりにぎわっていました。
　つまり、一見ズレている展示会でもユーザーが重なっていて、多くの見込み客と出会えるのなら出展する価値があるということです。

たとえば屋外用ベルトコンベアのメーカーが出展するとします。カテゴリーとしてはマテハン、つまりマテリアル・ハンドリングなのですが、国内にはぴったりの展示会がありません。
　そこで、コンベアの代表的なユーザーであるセメント会社が集まる展示会がよいということになります。これが屋内用ベルトコンベアなら、食品メーカーの集まる展示会などが適しているでしょう。

## ▶ 技術展よりソリューション展を狙う

　太陽光パネルを製造、または設置販売している企業の場合、商材にずばり合致する展示会を選ぼうとすると［PV Expo］や［PV Japan］などの技術展になります。
　しかし、当日の会場では国内・海外の大手メーカーをはじめ、太陽光パネルを売りものとして展示する無数のブースと競合して埋もれてしまうでしょう。
　こうした技術が主役の展示会で中小企業の小さいブースが目立つには、世界最高の発電効率をぶちあげるくらいしか方策はありません。
　しかし、太陽光パネルは、結局は建築物や空き地に設置されるもの。それなら、［建築・建材展］に出展すれば、周囲のブースはふつうの建材や工作物であり、環境製品としてまず目立つことができます。しかも、**技術展ではなく用途・ソリューション展ですので、商談への落とし込みも近くなる**のです。
　さらに、不動産関連の展示会に出展すれば、こんどはビルオーナーの「資産価値を高める投資」というニーズに刺さることになります。オフィスビルなどを複数所有する会社からすれば、投資利回りを高める提案があれば乗ってもよいと考えるはずなのです。
　「こんな展示会にめずらしいですね」として寄ってくれた訪問者には、「たいへん反応がありまして」と自信満々にお答えすればよいのです。

環境・エネルギー系
［PV EXPO］［PV Japan］［太陽電池展］［地球温暖化防止展］［地球環境とエネルギーの調和展］［エコプロ］［グリーンデバイス］など
⬇
建築・建材系
［サステナブル建築技術展］［ジャパン建材フェア］［建築・建材展］［街づくり・流通ルネサンス］［エクステリア・エキシビション］など
⬇
不動産活用系
［不動産ソリューションフェア］［賃貸住宅フェア］など

## ▶ 商流の上方へ、下方へズラす

　たとえばITベンダーが、情報システム部をターゲットとするのではなく、実際にシステムを使用する下流の営業部門やマーケティング部門と出会いたいとします。

　あるいは部品製造や加工下請けの会社であれば、購買部よりも上流の開発部門と知り合いたい。そのほうが自社技術の価値を高く評価してもらえるから。いずれのケースも、狙った来場者が見込める展示会を選んで上流へ、下流へとズラして出展すればよいわけです。

　また、展示会に出展する際の課題のひとつで、意外と多いのが「いまは新製品がない」というもの。

　発売から1年が経っても市場にじゅうぶん認知されているとは限りませんので、目玉にすることは問題ありません。出展の内容も、前年より付加価値の高い使い方や意外な導入事例、オプション活用などを紹介していけば、新たな提案となります。

　しかし発売から数年経ち、さすがに訴求力が落ちてきたと思われるときは、いままでと違う展示会に出展すれば、ことなる顧客層と出会うことができます。

# ⑥ 展示ブースには5つのタイプがある

## ▶ 出展ブースのタイプを決める

　演出や狙いによって、出展ブースはいくつかのタイプに分かれます。どのようなタイプにするかは、商品の性質や展示会で達成したい目標に応じてことなります。ブース内の演出によって、とうぜんレイアウト設計やデザインも変わってきます。

　たとえば新製品の認知を進めたいのであれば実機を体験・体感してもらう、あるいはサンプル配布、試用してもらうブース。また奇抜な工業デザインの新商品を見てもらいたいなら、商品展示をショウアップするブース。

　少し込み入ったシステム商品を理解してもらうためなら、プレゼンテーションをショウアップするブース。ブランディングをしたいのであれば社名や企業スローガンを強調し、ロゴ入りのノベルティを配布するブース、といった具合です

　一般に、ブースのタイプは大きく分けて次の5タイプがあります。

①体験型　②展示型　③プレゼン型　④商談型　⑤ブランディング型

### ①体験型ブース

　基本的に、展示ブースへは実機・実物を持ち込むべきです。そして、ブース内への誘引から商談へと結びつけやすいのが、このデモ実機を来場者に体験・試用してもらうタイプの展示です。

　デモ機が稼働する様子を見せ、可能なら訪問者に操作を促して優位点を実感してもらいます。

　たとえばVR（バーチャルリアリティ）製品の展示では、訪問者にゴーグルを装用して異世界を体験してもらえれば「ウワー、ウワー」と周囲を

巻き込んでカンタンに盛り上がります。こうした体験はウェブではできませんし、商品を置いただけの店頭でもなかなか実現が困難です。

### ②展示型ブース

　商品を展示するか、商品本体が大型のため持ち込みがムリなら、ミニチュアやレプリカなど模型を展示します。それらを見てもらうことによって商品の特長を語ることができる、あるいはプロダクトデザインが特徴的な商品の場合にとくに有効なブースタイプです。

　模型展示もムリなら、パネルや写真、システムイラストなどを展示します。技術の仕組みや優位点を説明するパネル中心の展示になってしまっているブースをよく見ますが、展示するモノ自体にパワーがなければ成立しないことも多いので注意が必要です。

　たとえばデザインそのものが差別化であるというバッグやシューズの展示会では、ブティックのように商品を並べた静的なブースになりがちです。それでも、デザインコンセプトや、デザイナーの紹介など物語をメッセージ化して伝えたりすれば、少しは立体的な展示ができるのではないかと思います。

### ③プレゼン型ブース

　新機軸の商品紹介を大画面モニターに映し出したり、ITサービスのイメージマップをカベ全体に貼り出すなどして説明するスタイルがプレゼン型です。逆にいえば、くわしい説明が必要な商材である、ということになるでしょうか。

　大手のシステムインテグレーターなど、商品にカタチがない場合などによく活用されます。ナレーターモデルの女性が慣れたトークで聴衆に語りかけているブースなどを、きっとご覧になったことがあるかと思います。

　時間を決めてショウアップしたプレゼンテーションを繰り返したり、あるいはブース前に人が集まったのを見計らって適宜、開始したり、プロジェクター投影や大画面テレビでくり返し動画を流すなど、ブースのサイ

ズやスタッフのスキルに応じて、さまざまなやり方が考えられます。このプレゼン型は「一対多」のレクチャー形式をとりますので、さらに細かく分類すれば、次のような種類をあげることができます。

> **実演型**　　シアター/パフォーマンス型（寸劇、お笑いなど）
> **セミナー型**　　**イベント型**　　**ゲーム/クイズ型**

　セミナー型では、業界のトレンドなど客観的な新情報を解説するものや、現状分析と対策について述べたのちに自社商品を選択するべきであるという結論にもっていく展開、あるいは「この先の詳細は各社にお伺いして…」と商談を促す内容などにします。

　これまでに見たプレゼン型ブースで面白いと思ったのは、長大なホワイトボードが置かれているブースです。そこには訪問者の知識レベルに合わせて技術説明をした跡が残っていました。自分の理解度や課題に合わせて図を使って説明をされると、ストンと腑に落ちるだろうなと感心しました。

### ④商談型ブース

　商品は説明するまでもなく理解されており、どのような取引条件とするかが問われるような商材であれば、イスとテーブルのセットを数組ならべた商談スペースを中心に構成された商談型ブースがよいということになります。

　海外の展示会や、国内でも海外バイヤーが商談をまとめて帰るような展示会ではこのタイプが成立します。このため、欧米から日本に出展しているブースでは、商談スペースを広くとる傾向があります。

　国内でも、メガネや宝飾品などの展示会ではトレードショーの性質が強く、価格や納品数などの具体的な商談をおこなっています。

　しかし、通常の国内展示会では「後日の商談」を前提とする2ステップ営業のほうが成功率は高まるといえます。ブースでの商談、成約を促していくには、たとえば「展示会特別プライス」や「今日成約の特典！」のよ

うな、展示会だけの特別なオファーを用意することもよいでしょう。

### ⑤ブランディング型ブース

有名企業などが自社のブランド力や存在感をアピールするために出展するブースが、ブランディング型です。

高級感あふれるデザインのブースや、来場者を楽しませて何も残さないイベントをおこなうなど、来場者に対して"先進的な企業である"などの印象を与えることができれば、とりあえず成功というわけです。もちろん、中小企業にはもっとハングリーな展示ブースを企図してほしいと思います。

このほかにも展示即売型や試食・試供品配布型、相談会型、マーケティング調査型など、さまざまなスタイルがありえます。コンセプトや狙いに応じて、いくつかのタイプを組み合わせたブースにするなど、型にはまらないブースを企画してください。

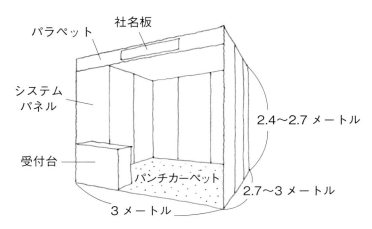

基礎小間ブースの例

自社の「ウリ」「強み」を見つける方法

## ▶ 大手企業もウリを間違えている

　自社や商品のウリや強みをしっかり特定し、これをキャッチコピーやセールストークに展開していくことで、見込み客の反応率は高まります。**ウリとはセールスポイントのことですが、大手企業を含む多くの会社がこれをとり違えています。**

　一般的な事例で見ていきましょう。大ヒットしたある育毛養毛シャンプーのウリは何か、という質問にメーカーの方は「育毛養毛効果の高さ」と答えています。しかしヒットの要因は、たくさんの芸人を起用したCMをバンバン流し、認知が広がって売れたというのが現実でしょう。

　商品自身のウリとしても、私はパッケージデザインがいちばんなのだろうと思います。まるで女性用の化粧品のようなゴージャスでシンプルなデザインと色使い。お風呂場に置いておいて彼女に見られても少しも恥ずかしくない感じです。かつての養毛シャンプーは、緑色の丸いボトルに筆文字で毛髪力などと書かれていましたから、隔世の感ありです。

　さらに、このメーカーさんは当初、流通にかける経費をすべてインターネット通販に集中させていました。男性なら、ちょっと購入が恥ずかしい種類の商品ですが、ネット通販なら何回かクリックするだけで誰とも顔を合わせることなく手に入る。お客様も、育毛養毛効果を第一に考えるのなら、「医薬品です」と宣言している商品を選ぶはずなのです。

## ▶ ウリをズラして成功している会社もある

　上記の例とは逆に、会社がウリをあえてズラして成功している例もあります。たとえば、スターバックスはコーヒーチェンですから、いちばんのウリは美味しいコーヒーであるべきです。しかし、目隠し味覚テストでマ

クドナルドに負けたことのある同店は、ウリを「サード・プレイス」であるとしています。

会社や学校ではない、そして家でもないけれど、くつろぐことのできる第三の場所。店内の豪華なソファを見れば、それも納得できます。

あるいは、最近増えている1000円カットの店。名称に1000円という価格訴求が入っているのですから、とうぜん安さが魅力、つまりウリだと思いがちです。しかし、1時間あたりの売上で比較すると5000円ていどの一般の理容店と変わらず、安売り業態とはいえません。むしろ、洗髪やパーマ、ひげそりなどのサービスはないので経費や設備投資は最小限で、利益率は高いのです。

では、1000円カットのウリは何かというと、じつは待ち時間もカット時間もかからない、「時短」なのです。いまや、時間ほど価値のあるモノはありません。価格訴求をしているようでありながら、別の価値を提供していたというわけです。

## ▶ QCDはウリにはならない

製造業の社長に御社のウリは何ですかと問うと、QCDを挙げられることが多くあります。QCDとは品質、コスト、納期のこと。たしかに製造業において、この3要素は大切な指標となります。国内製造業の多くが、気づけばこの3つを売りものにしています。つまり「すぐれた技術力」、「低コストを実現」、「短納期にお応えします」です。

しかし、このQCDはウリになりません。国内生産で品質（Quality）がよいのはとうぜんであり、むしろ過剰品質が問題になることすらあります。低価格（Cost）をウリにすれば消耗戦に入っていくことになり、そこは価格競争が必須のレッドオーシャン市場なのかもしれません。スピード納品（Delivery）も現場を苦しめるばかりであり、ムリな短納期受注は社員がやめてしまう原因にもなります。

## ▶ ウリは独自の機能・特長とは限らない

　ウリを特定するとき、最初に考えるべきことは、自社の独自資源は何かということです。そして、その**独自資源によって提供できる価値は何か。その価値を、もっとも切実に喜んでくれる業界、会社はどこか**、ということです。

　ライバル会社が何をウリにしているのかをチェックする必要はあります。ただし、ウリとは他社にない機能・特長であるとは限りません。**見込み客に、「それなら欲しい」と言ってもらえるメリットや課題解決こそがウリです**。展示会で出会う見込み客にとっていちばん魅力となることでなければなりません。ですから、品質やコストダウンでも、それが見込み客にとっての明解なメリットに化けるのならよいのです。

---

**見込み客の課題を解決するウリの例**
- 製造コストを2分の1にする
- 直行率が10％向上する
- 品質が60％アップする
- 強度が50％アップする
- 質量が2分の1になる
- 新規顧客を開拓できる
- 製造工数を3割カットできる

---

## ▶「日本一の出荷量」でウチに何のメリットが？

　その他でも、よくあるのが「自社工場で一貫生産」というウリ。会社としては胸をはれることなのでしょうが、お客様にとっては「だからなに？」。一貫生産によってお客様にどんなメリットがあるのかを明らかにしなければ一向に響きません。

　「一貫生産なので短納期にお応えできます」。これでも（D）に過ぎませ

ん。「一貫生産なので万一の不具合に迅速対応できます」。うん、そうですか。まぁ、バラバラのSCMでうまく行かないよりはよいかもしれない。そのていどなのですね。

あるいは「小型軽量化に成功」というウリ。工場で使用する生産機械なら、あまり置くスペースには困りません。人材不足のいまは「新人でも使えるカンタン操作パネル」のほうがウケるかもしれません。

小型化がウリになるには、その製品がコンパクトになったことで「現場ですぐに測定可能！」のように使い勝手を一変させてしまうものでなければなりません。

そのような場合でも、「コンパクト化に成功」と言えばわかるだろうと思うのは間違いです。**お客様は＜AになったらBができる＞という連想ゲームをしてはくれません。**ユーザー側にはそこまでの知識がないケースも少なくない。だから、答は最初から伝えなければならないのです。

---

連想ゲームの答を書いておく
「小型軽量化に成功」　　　→「省スペース」→「現場へ持参して測定可能」
「○○○対策に効果的です」→「○○○を98％カット」
「自社工場で一貫生産」　　→「短納期を実現」→「万一の不具合も即対応」

---

## ▶ ウリを発見する5つの質問

あまりにも長くつきあいすぎている（そして、愛している）自社のウリを考えるのは、じつはとてもむずかしいことです。どうしても、ウチの子に限って…、かわいいのです。

それでも、いまいちど自社と自社の商品、技術のウリを、虚心坦懐にタナ卸しをする機会を、ぜひ持ってください。

そのときに助けとなるのが、次のようなフレームワークです。お客様に質問をしても、なかなか本音を引き出すことはできません。また、真のウ

リを意識しているとも限りません。

　しかし、**多くのお客様と接するなかで、あなたは数えきれないほどの感謝や要望、評価、叱責を受けているはずです。それを思い出して回答してみてください。**そのなかで、ウリにつながるヒントが見つかるかもしれません。

> あなたへの5つの質問
> ①商品を開発したきっかけは何か？
> ②競合商品と異なっている点は何か？
> ③もっとも切実なお客様は誰か？
> ④お客様がほめてくれることは何か？
> ⑤お客様の変わったニーズは何か？

　こうした、当たり前の問いに答えるのは苦痛かもしれません。しかし、そこへ愚直に取り組んでこそ、自社の価値を客観的に見ることにつながっていくのです。それぞれの質問には以下のような意図があります。

### ①商品を開発した（会社をはじめた）きっかけは何か？

　新商品を開発したきっかけ、もともとの意図は何だったのか。会社そのものであれば、そもそもの理念やミッションは何だったのか。
　ビジネスをスタートして長い時間が経つと忘れがちになりますが、それを思い出してください。いずれにせよ、**オリジナルの思いや狙いに還る**、ということ。そこに、本筋のウリが隠れているかもしれないのです。

### ②競合商品（会社）と異なっている点は何か？

　社内の強い思いで開発した商品を冷静になって見つめ直すと、会社のクセや独自技術により、他社とはことなるモノになっているはずです。
　また、会社を長くやっていると、ライバルとはずいぶん違うことをやっていると気づくことがあります。**お客様は、そうした違いをめざして来てくれているのかもしれません。**

### ③もっとも切実なお客様は誰か？

「本来、こういう属性のお客様が活用してくれるといちばん効果が上がるのだが」というお客様はどんな会社、人たちなのか。お客様によってニーズは大小があり、**ある会社にとっては無用でも、ある会社にとっては「いくらでもいいから売って欲しい」**モノであったりします。おそらく値引き要求もしない、そんな切実なお客様は誰で、どこにいるのでしょうか。

### ④お客様がほめてくれることは何か？

取引をするなかで、お客様のとてもよい笑顔に接することがあるでしょう。それはきっと、**商品や会社のウリが露わになった瞬間**にちがいありません。

また、おカネを払う側のお客様がほめてくれることがあるとするなら、それはとても価値のあること、つまりウリとなることだといってよいでしょう。

### ⑤お客様の変わったニーズは何か？

最近、以前とは違うリクエストをしてくるお客様が増えた気がする。もし、そう感じたとしたら、それは**業界ニーズのトレンドが曲がり角に来ている**ときなのかもしれません。であれば、そのトレンドを先取りし、自社のウリとして前面に出していけばその部分での先行者となれるのではないでしょうか。

# ⑧ 展示要素を決めて"目玉"はひとつに絞る

## ▶ 細い槍ほどよく刺さる

　よく聞く出展方針が、「今回は4つの商材を出展したい、その比率は5：3：1：1です」というもの。しかし、そのような展示ブースにすれば反応率は確実に落ちます。

　理想は、目玉の1点またはワンテーマに絞り込むこと。つまり、メリハリをつけて、あくまで主役であるメインが何かを強くアピールすることです。**ぱっと見てわからなければ、その時点で負けなのです。**

　自社の製品や技術はいろいろあるが、そのすべてに自信がある。だから、できるだけ多くの製品を展示してあげたい、と考えるのは理解できます。しかし、そうするとバラバラな印象になって、何がメインなのかもわからず、結局は何も伝わりません。

　お弁当でも「食べたい」と指名買いしてもらえるのは幕の内弁当ではなく、唐揚げ弁当や焼肉弁当のように1点勝負の個性派なのです。

　1枚のチラシをつくることにたとえたほうがわかりやすいでしょうか。これは重要、あれも言いたい、とたくさんの情報を限られた紙面に盛り込む。それを手に取った人は、ごちゃごちゃとして読みづらいうえに、焦点が絞り込まれていないのでどれが本当に伝えたいことなのか、どこがすぐれたポイントなのかをつかみかねて投げ出してしまうのです。

　**要素をあれこれ詰めこむことはいわば手抜きであり、ワンアイテムに絞り込むことはリスクをとることです。**

　しかし、「出展料は安くないのだから」と考えるせいか、あれもこれもと会社の製品をあまさず展示しようとする。その結果、何を訴えたいブースなのかが曖昧になり、どの製品も刺さることがないまま、来場者は通り過ぎていくという結果になってしまうのです。

## ▶ 中小企業は1点豪華主義で行く

　大手企業であれば、「総合電機メーカーです」などととアピールすることで「安心の総合力」と見てもらえるかもしれません。そうした企業に混じって出展して注目を浴びるためには、中小企業はあえてニッチに徹することがよいのです。

　お客様を絞り込みましょう、とはよく言われることで、あなたも理解していることと思います。そもそも中小企業はニッチに絞り込んだ強みで勝負をするべきです。1小間で、「すべておまかせ」「ワンストップ」と主張するのはおこがましく、違和感もあります。

　**イチ押し商品は、新商品や人気商品、収益性が高いもの、他社にはないラインアップ、次の取引につながるドアノブ的な商品などを選びます。**
　どうしても複数の商品・サービスを展示する場合は、メイン商材1点を8～9割のボリュームにして残りを他の商品群に充てます。

　メイン商品を絞りきれないときは、会社自身を売り込んだり、または根源的なベネフィットを打ち出していくという考え方もあります。たとえばたくさんの化粧品アイテムを抱えるメーカーは、「女性の美を創り出す」、「美女は肌からつくられる」などのテーマでくくることができます。健康食品を数多くラインナップする会社であれば「食がつくる健康な暮らし」、「カラダの内側が喜ぶフード」のようなテーマに収れんさせることができるでしょう。

　これは、企業スローガンをつくる要領と同じですね。ただし、ブースとしての訴求力はどうしてもダウンします。本来は、**ムリにでもイチ押し商品を決めてアピールすることで、結局はより多くの見込み客との出会いに結びつくものと考えます。**差別化することを最優先で考えるなら、競合他社が取りあげるであろういまのトレンドの「次」を、多少強引でもテーマとして立てる方法もあります。

# ⑨ 展示する要素をリストアップする

## ▶ ブースに展示する商材と販促ツール

　展示ブースのタイプ、目玉とする商材を決めたら、次に準備する品目、販促物などを用意します。通常、用意する必要があるツールは、次のようなものです。

| ブースに展示するもの準備リスト | |
|---|---|
| 展示品 | 商品・見本、模型、試作品、サンプル |
| 掲示物 | のぼり、タペストリー（バナー）、ポスター（壁面グラフィック）、パネル、POP、フロアマット、モニター、プロジェクター、動画、ウェブサイト |
| 配布物 | チラシ、カタログ、会社案内、サンプル、小冊子、ノベルティ、アンケート用紙、営業資料（パワーポイントなど業界別に用意） |
| 什器類 | 展示台、タナ、受付台、商談テーブル・椅子、カタログラック |

　くり返しになりますが、せっかくリアルに会うことのできる場ですから、商品本体や実機を展示して触れてもらい、実演・デモを通じて体験してもらうことが基本です。

　巨大な建設機械や住宅そのものなど、搬入・展示がむずかしいもの、まだ完成品がないけれど発表したいというような場合は、模型を展示するのが定番です。

　あるとき、製品のデザインを担当していた工業デザイナーさんのツテで、工業デザインを勉強している大学生チームに模型を格安で製作しても

ソーラー街路灯の模型展示

らったこともありました。従来、住宅やビルの模型を製作する専門業者に依頼すると高額な請求が来たものですが、いまは3Dプリンタがありますので、データさえ用意できれば数千円から数万円ていどで製作することも可能です。

## ▶ ウリの根拠をわかりやすく伝えるために

　また、製品写真をブース壁面いっぱいに貼り出してスケール感を伝えたり、稼働する模様を撮影した動画を流すのも効果的です。

　加工下請業であれば、納入先に許可を得て加工見本を展示するか、典型的かつ技術力の差を見てもらいやすい「ここまでできる／こんなこともできる」という見本を製作して展示し、手に取ってもらうようにします。

　加工のビフォアアフターや技術の差がわかるように比較できる製品を同時に展示するのもよいでしょう。

　あるいは、製造工程がユニークなら、その仕掛かり品を順番に並べて見てもらうのもわかりやすくてよい方法です。

　また、ITベンダーなど形のない商品・サービスの場合は、わかりやすいシステム図をカラーで制作し、理想的には壁一面に展開します。ひとつの街を立体的な模型でつくり、効果の波及していくさまを光で表現するなどのやり方もあります。実際に「ここが違うのです」とポイントになる箇所を指さして説明することで、いっきに腑に落ちます。

## ▶ もっと目立つツールをつねに探す

　展示会に出かけると、各社のブースで毎回のように「こんな展示ツールがあるのか！」と気づかされることが多くあります。オススメなのは、「販促EXPO（販促ワールド内／毎年1月と7月の2回開催）」です。

　これは、いわば「展示会の展示会」であり、効果的なツールを製作するプロが出展しているので、とても参考になります。

# ⑩ 差がつく販促ツールのつくり方

## ▶ 販促ツールはこれを掲示すればよい

　展示ブースは店頭に似ていますが同じではありませんし、広告やチラシデザインの仲間のようでいてやはり違います。
　どんな販促物を制作、掲示すればよいか、オススメのツールについての考え方、つくり方、掲示の仕方を見ていきます。

### ①タペストリー（バナー）

　のぼりと同様のポリエステルやビニール素材（ターポリン、ポンジなど）でつくります。発色がよいうえに使い勝手がよく、オススメです。
　パネル貼りした発泡ボードは、ポスターそのままよりはしっかりしていますが、大きいと運ぶのがたいへんです。カドをぶつけてヘコませたり、引っかきキズがついたり、数回も使用するとだんだんみすぼらしくなってきます。
　その点、**タペストリー形式のものはキズがつきづらく、その上くるくると丸めて棒状にできますので運びやすく、しまっておくときも省スペースです。**

　何度も使い回すことを考えれば、少しおカネをかけて思いきった大きめサイズにしたほうがよいかもしれません。デザインデータさえできていれば、ネット印刷なら数千円ほどで製作できます。
　サイズは、システムブースに多い90センチから1メートル幅に合わせてつくると使い勝手がよくなります。さらに、百貨店の催事やポップアップ店舗にも出展・出店する機会

使い勝手のよいタペストリー

があるのなら、カベのない平場に天井吊りで使用できるよう両面印刷にしておくと便利です。両面印刷は、遮光性の高いスエード生地を芯に1枚挟んで両面に印刷するもので、料金は少し高くなります。

### ②のぼり

デザインによってはあまり上品なツールではないため、抵抗感のある方もいるかもしれません。しかし、最近はおしゃれなタイプののぼりも出てきていますし、使いたがらない会社が多いからこそ、かえって目立つのです。

単純な「大売り出し！」のようなものではなく、差別化点の訴求やブランド訴求などをサイズで使い分けます。

左は大型のぼり、右はデザインのぼり

まず、幅60センチ×高さ140〜180センチの大型のぼり。面積が大きいのでタペストリーやポスターと同じくらいの情報量が入ります。そのため、注力商材ごとに「大型のぼり＋タペストリー」のセットを同じデザインでつくって強調する作戦は視覚的にとても効果があります。

中型サイズといえるのが、幅45センチ×高さ140〜180センチていどののぼり。説明的な表現の入る面積はありませんので、2〜3行のキャッチコピーをでかでかと入れ込んだ、メッセージ型のツールとして活用します。

以上ののぼりとはことなり、おしゃれなデザインのぼり（セイルのぼり、カーブのぼりなどと呼称）は、いわゆるブランディング目的に活用します。コーポレートカラーを使い、社名ロゴや商品名をデザインして印象を強めるものです。

のぼりの設置場所は、メイン入口に近い側のブース端とし、遠くからの

視認性を高めるために使います。**のぼり専用台は使わず、展示会の高さ制限の範囲内で、最大限に高い位置に結束バンドなどで取り付けてください。**

のぼりは、屋外で強風を受けても壊れないようにくるくると回る設計になっているため、来場者の流れに正対させたいと思ってもウラ面が向いてしまう場合もあります。そういうときのために、やはり両面印刷が便利です。＊のぼりのサイズは製作会社によってまちまちです。イメージに近いサイズを選ぶようにしてください。

### ③壁面グラフィック

展示会ブースというと、パネルを連想する人も多いと思います。しかし、A1、B2など従来サイズのパネルは、近寄って凝視しなければ読むことができず、ブース奥のカベに貼られていても誘引効果はほとんどありません。

カベ全体がポスターになる

そこで、カベ全体をカラーカタログのページに見立ててグラフィック処理してしまうのが壁面グラフィックです。通りすがりに通路から眺めてもポイントが伝わりやすく、訴求力はがぜん高まります。

最近は幅広のインクジェットプリンタによる印刷出力料が低価格化したため、こうした販促ツールも大手企業だけのものではなくなりました。

### ④POP

かつては食品スーパーにしかなかった店頭POPも、いまではドラッグストアや靴店、書店などにも設置され、販売の現場で迷ったお客様の背中を押す役割を担っています。展示ブースも、いったん入ってしまえば店舗に近い空間であるともいえます。スタッフの説明の手が回らないときも、単独でアピールできるPOPを商品やタナに貼り付けておくと有効です。

POPには、スウィングPOPといって揺れるタイプのものや、テーブルテントと呼ばれる三角柱のものなど、さまざまな種類があります。床に敷くタイプのPOPとしてはフロアマットがあります。

さらに、ペッパーくんなどのロボットも最近はよく見かけるようになりました。今後は、そうしたロボットやAIスピーカーなどが、インタラクティブに説明できるツールとして活用されるようになっていくかもしれません。

### ⑤モニター/プロジェクター

商品説明や工場案内ビデオなど、映像コンテンツを流すツールとしては薄型モニターとプロジェクターがあります。

プロジェクターを使用すると画面サイズを自由に大きくできますし、真下や真上から短距離でも投影できる機種も出ています。しかし会場自体はそこそこ明るいので、1小間のブースで単純に投影すると、画面がやや暗くなってしまう場合があります。2〜3小間以上のブースで、"影"をつくった上で投影するとよいでしょう。

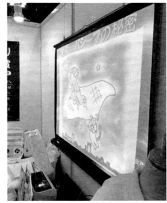
真上に投影できるプロジェクター

### ⑥商談テーブル

1小間のブースではなかなか商談席を設けるのはむずかしいかもしれませんが、2小間以上の出展なら、ぜひ商談コーナーを1セット以上は置くようにしましょう。できれば2セット置くほうがよい理由は、1セットのみだと遠慮して座りづらいと感じる訪問者がいるからです。

たまたま通りすがりの訪問者であっても、説明をするうちに（本気度が高まってきた）と感じたら商談席での説明に移行するべきです。そうしたコミュニケーションの積み重ねが、来期の売上になっていくのですから。

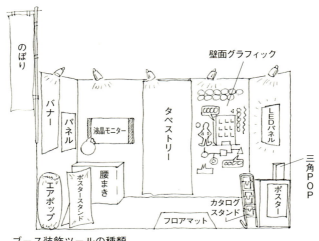

ブース装飾ツールの種類

### ▶ 販促ツールには一人歩きさせる

　スーパーセールスマンがいなくても均質なレベルで説明してくれるのは、練り込んで制作されたカタログなどの販促ツールです。とくに**持ち帰っていただくツール類は、一人歩きができるよう、きちんとつくり込む必要があります**。次章では、キャッチコピーの書き方について述べますので、そちらと合わせてご覧ください。

#### ⑦ A4チラシ

　展示ブース前やメイン入口近くで配ったり、事前の告知DMを兼ねたツールとして作成するA4チラシです。展示会ごとにつくるもので、まさに出展コンセプトを集約した内容となります。

　同じA4サイズでも三つ折り形式にすると"パンフレット"となり、ページを追って説明していくストーリー性をもたせることができます。"チラシ"よりも捨てられづらくなり、定形封筒での郵送もしやすくなるのでオススメです。

## ⑧カタログ

　中小企業のカタログにもデザインのよいものが増えてきました。ただし、説得力のあるメッセージがきちんと打ち出されているかという点では、合格といえないケースが少なくありません。

　展示会のブースで説明を聞いてカタログを受け取り、社に持ち帰って導入検討の話し合いをしてくれたとしても、聞いたとおりの万全の説得をしてもらえる可能性はほとんど望めません。情報量としては6掛け、5掛けに縮んでいることでしょう。

　「これを見るのは知識のある人」と考えて、技術的な前提や説明抜きのカタログをつくる会社もよく見られますが、決定権者やトップにまで話があがったとき、「よくわからないから保留」となってしまっては困ります。

　カタログページのキャッチコピーと説明図を見たら、すぐに商品のよさを納得してもらえる、あるいは数ページのパワーポイントを見たらコストダウンの効果を理解してもらえる。そうした販促ツールを用意しておくことで、来場者への説明、説得レベルが底上げされ、取りこぼしは大きく減ります。

　ウリのポイントをずばり打ち出し、わかりやすいカタログをつくることを心がけていただきたいと思います。

### カタログに入れる項目例

1）商品の定義　2）メリットの箇条書き　3）特長・エビデンスなど
4）導入事例・提案　5）仕様・システム構成など　6）会社住所・URL他

　　カタログでは商品特長とメリットをわかりやすく説明します。ページ数は、二つ折り4ページでも8～12ページでもOKです。
　　展示していない商品も含む総合カタログを用意してもよく、それらカタログ一式を透明封筒などに封入してトップに挨拶状を入れたキットを用意、有望な来場者に手渡しするのもよいでしょう。
　　また、単品カタログだけでも選べるようにカタログラックに各種ツールを差しておき、興味を持った来場者に勝手に持っていってもらえるようにしてください。カタログラックそのものも、訴求力を持つPOPになります。

## ⑨ウェブサイト/ランディングページ

　第1章で、展示会とウェブサイトは補完関係にあると書きました。連動させるときの課題は、展示ブースからウェブサイトへとどう誘導するかということです。
　ひとつは、よく見られる二次元バーコード（QRコード）を活用するやり方です。名刺やカタログの表紙周りページに二次元バーコードを印刷しておき、帰ったあとにスマホなどから展示会専用のランディングページへアクセスしてもらうように誘導します。
　そのページに掲載された動画に登場するのが、今日、立ち寄ったブースそのものであり、ブースで説明してくれた担当者その人が語っているとしたら、記憶がはっきりとつながり、特別な印象を持ってくれることにつながります。

| ランディングページの内容 |
| --- |
| □来場者へのご訪問お礼 |
| □商品の特長・メリット説明 |
| □カタログ、資料ダウンロード |
| □来場者限定の特別なオファー |
| □事例・よくあるご質問 |
| □ユーザーの声 |
| □会社訪問・問い合わせ |

## ⑩サンプル品オーダー用紙

　カタログと一緒に、サンプル請求のFAX用紙を入れておくのもひとつの方法です。来場者はいろいろなブースに立ち寄ってカタログをもらうものの、説明を聞いた記憶と資料とが一致しない。そんなときでも、異質な白紙の注文用紙があれば目立ち、とりあえず送ってみるか、と反応する人もいるものです。

### ⑪営業資料

　営業資料とは、パワーポイントを使用したA4ヨコなど商談用のくわしい資料のことです。これは、導入後のコスト計算や効果を視覚化したグラフ、導入事例など具体的なほど商談がスムーズになるといえます。いちばん狙うべき業態、会社に照準を絞って具体的な資料を用意しておきたいものです。日頃から、業態・分野別に数種類を用意しておき、相手に合わせて資料を変えて説明できれば万全です。

### ⑫小冊子

　次に述べるノベルティグッズよりも、本気の見込み客を引き寄せる効果が高いのが小冊子です。その内容は、**自社の商品や技術を欲しがる見込み客にとっての問題解決のヒントとなるようなもの**にします。逆にいえば、自社商品に興味のない人は欲しがらない小冊子であれば、プレゼントとして最適となります。

　たとえば「コスト削減を実現する7つのコツ」、「切削加工をプレスに切り替える方法」、「複合加工機によるVA・VE革命！」のようなニッチなニーズに刺さる小冊子であれば、ターゲットのみが反応してくれるに違いありません。

### ⑬ノベルティグッズ

　本書では基本的に、誰でも欲しがるノベルティと引き替えに名刺やアンケートをもらうことは推奨していません。ですので、ノベルティとは社名を刷り込んで持ち帰ってもらい、印象に残す、または手元に置いておいてもらって思いだしてもらうことを期待する、という役割でしょうか。

　仕事をするデスク周りで使用するものですと、仕事をしながら思い出してもらえるかもしれません。よく見られるのはペンや付箋、カレンダー、エコグッズなど。いまは女性の来場者も増えていますので、ゴルフ用品のように使い手を選ぶものではないほうがよいでしょう。

ウェブサイトで検索をすれば、価格帯別や用途別などで選ぶことができます。なるべくコストを削りたいのはわかりますが、すぐに書けなくなったり、インクがもれるようなボールペンですと会社の姿勢まで疑われ、プレゼントしない方がマシだったということにもなりかねません。

### ⑭名刺

通常の名刺とは別に展示会専用の特別バージョンをつくると、訪問者の想起率を高める効果につながります。社名のすぐ上など、いちばん目立つ場所に展示内容を1行で伝えるキャッチコピーを載せます。顔写真か似顔絵を入れ、肩書きもちょっと上級にしておいてもよいでしょう。

ウラ面には「○○EXPO、○○社ブースご訪問ありがとうございます！」と入れ、展示商材の特長、効果を端的に書くとともに、ランディングページのURLや二次元バーコードを入れておきます。後日の営業訪問をスムーズにする工夫も、ふつうの営業パーソンの名刺に求められる機能と同様です。

ここまでやっておくと、「どこでもらった名刺？」「何の商品に興味を持ったんだっけ？」と忘れられてしまうことも減るでしょう。

# ⑪ 案内状送付・事前告知を徹底する

## ▶ ［展示会×自社リスト］で効率的に成約する

　自社が保有する既存のリストへ、ランクに応じて案内状を郵送したり、eメールを送信して展示会への来場を促します。こうした事前告知が、展示会の成否を決める大きな要素になるといっても過言ではありません。

　せっかく展示会に出展するのだから新規客と出会いたいと考えるのはわかりますが、**あと少しで成約する既存客や周知の見込み客に時間をかけるのが、じつはいちばん効率的なのです**。展示ブースはプレゼンの場として道具はそろっていますし、社長もいます。

　このとき、招待した会社それぞれの段階に合わせ、展示会の場をどのように利用すれば成約に近づくかを考えてください。製品を体験させるのがよいか、自社の社長を引き合わせるのがよいか、など。展示会は探客の場だけでなく、"仕掛かり客" を成約へと寄り切る場としても活用できるのです。

### 案内状、メールを送る相手

| 得意客<br>アプローチ客<br>見込み客<br>休眠客 | 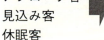 | ●最重点顧客…時間を決めてのアポイントメントを入れ、案内状（招待券）を郵送する<br>●次に重要な顧客…案内状（招待券）を郵送する<br>●一般のリスト…eメールで開催をお知らせする |
|---|---|---|

## ▶ 最重点顧客には案内状を郵送する

　すでに取引のある得意客であっても案内状（招待券）を送付することが必要です。もともと展示会への来場を予定していた担当者も、案内状や事前情報をくれた会社の展示ブースへは、競合を差し置いても優先して回ってくれるでしょう。

招待券は1社あたり3枚以上、できれば5枚以上を同封するようにしてください。上司や関連部署、取引先も誘って来場してもらえる可能性が高まるからです。
　招待券は主催社から一定数（100～300部ていど）を無償提供してもらえますが、足りなければ別途請求したり、有料で買い取ります。

| 案内状の中身　ごあいさつ状、招待券、出展チラシ〈A4ていど、商品紹介、特典、ブース位置（会場マップ・小間番号）〉 |
| --- |

　見込み客のほうも、事前情報をもらうことで興味のある製品を限られた時間で効率的にチェックできます。そのため、案内状では商品のポイントを押さえた紹介と、「新製品は○○○ができる」「○○できる新技術を発表」「訪問して○○すると特典があります」「～を試用できます」「～のサンプルを差し上げます」、さらに「このご案内状と引き替えに○○小冊子をプレゼント」のように動機づけとなるオファーを提示します。封筒の表書きには目玉ポイントをキャッチコピーで入れると効果的です。

## ▶ 全リストに向けてeメールする

　自社が保有する顧客リストの全メールアドレスに対して出展のお知らせを送ります。多くの展示会では、主催社のウェブサイトから無料招待券を請求することができますので、メールの最後に展示会サイトのURLを記載して入手手続きを促します。
　こうした機会に、取引が間遠になってしまっていた会社が復活することがあります。また、事業の方向性が変わって自社商品に興味を持ってくれるように変化することもあります。営業スタッフの引き出しに眠っている名刺などもすべて拠出させてリスト化し、こうしたプロモーションに加えていくことで、自社の"資産"が育っていくことにもなります。
　見込み客や休眠ユーザーなどは数百社にもなるでしょう。そのうちの1%でも2%でも取引の場に戻ってくれればありがたいことです。どんなリ

ストも捨ててしまわずに大切に活用してください。

　また、会期に合わせて送信スケジュールをつくり、それに則って全アドレスに送信します。一度の送信だけでは失念されてしまいますが、似た内容の告知メールを何度も送ると迷惑になります。ここは計画的に回数を決め、だんだんくわしい情報を伝える内容に変えていくとよいでしょう。メルマガを配信している場合は、1号まるまる出展情報で配信します。

> 配信スケジュール例　1か月前・10日前・前日…展示会告知メール送信
> 　　　　　　　　　終了後1週間以内…訪問御礼メール送信

## ▶ ウェブサイト、SNSを活用する

　「ウェブサイトと展示会を連携させる」と第1章で述べたように、展示会の告知と展示会後のフォローにウェブサイトを活用します。自社ウェブサイトなど告知できる場があれば、来場を検討してもらえるように情報を流していきます。同様の情報でもよいので、ブログやFacebookページ、SNSなどに展示会情報を掲載していきます。

　1ヵ月前頃に自社ウェブサイトで展示会出展を告知し、主催社のウェブにも情報をアップします[*]。出展商品を紹介するランディングページをつくり、来場意向を高めるとともに、展示会後は盛況の様子を撮影したブースの写真とともにご報告を掲載、訪問者に伝えきれなかった情報を確認してもらうようにします。

[*] 主催社のウェブサイト内には出展社や商品の紹介ページがあり、ログインすることで記入、表示ができます。閲覧してくれるユーザーはそれほど多くないと想像されますが、きちんと記入しておくに越したことはありません。

（メール例文はP.36）

## ⑫ 上手な外注業者の選び方・依頼の仕方

### ▶ 広告会社に丸投げするか、内製するか

　多くの会社は、すべてを社内対応できないため外部業者を使うことになります。外注先としては広告代理店やブース設営業者が主なところでしょう。広告代理店に発注すれば「丸投げ」に近い効果を得ることができ、展示会のテーマづくりからブースレイアウト、デザイン、そして必要な印刷物もつくってくれます。

　ただし、現実は広告代理店から設営業者などに孫投げされるだけであり、マージンを乗せられる分、高くなるか、設営業者の手取り分が減らされるかのどちらかです。そこで、出展慣れしている会社は直接、設営業者に発注するのですが、ここでひとつ問題があります。それは、**設営業者は設計・設営・装飾のプロであってもテーマやコンセプトを発想するプロではない**ということです。

　そのため、設営業者から「今回のテーマは、□□□で行きましょう」というアドバイスは出てきませんし、見込み客に刺さるキャッチコピーをつ

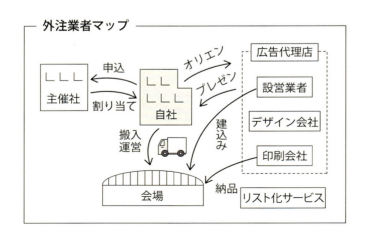

くってもくれないでしょう。こうした部分は自社で考えるか、別の信頼できる広告企画会社に発注することになります。

## ▶ 設営業者を見つける方法

　あなたの会社にはいろいろな売り込みが来ることと思いますが、営業をしてきた設営業者にそのまま発注するのは危険です。良心的でよい仕事をする業者は営業して回ったりはしないからです。そもそも固定客や紹介客で手いっぱいで、そんな時間はないのです。

　そこで、新たに設営業者を探すときは、展示会にチカラを入れている知り合いの会社や商工会議所などから紹介してもらったり、ネットで検索するということになります。このとき**重視するのは過去の実績と、連絡したときのレスポンスの質です**。実績については、自社と近い業種を担当しているか、また派手なデザインより実際の集客に結びつく提案をしているのかを見てください。

　また、1社と面談して発注を決めてもよいのですが、3社ていどを選んで競合プレゼンにすることもできます。あらかじめ競合プレゼンであることを各社に伝えたうえで設営案を出してもらい、そのなかからアイデアの質と見積り価格で選ぶのです。

　たとえば年間3回の出展計画があるなら、年度初の出展時に企画案を出してもらい、「採用が決まった業者さんに1年間3回を任せます」という発注の仕方もあります。これにより、1回あたりの製作コストを削減してもらう、いわゆるボリュームディスカウントを狙うとともに、什器などの使い回しによってコストを削減してもらい、さらにその保管も任せるという、ちょっとずうずうしいお願いをするのです。

| ブース設営の発注パターン |
| --- |
| 1　システムブースなどを、すべて自社でつくる |
| 2　基礎小間セットのみ依頼する　……商品、ポスターは自社で展示 |
| 3　カベ、床のみ建て込んでもらう……他の装飾は自社でおこなう |
| 4　すべて設営してもらう　　　　……商品展示の調整のみおこなう |

　依頼時にはオリエンテーションをおこない、注力したい商品や会社としての目標などをはっきりと伝えます。このとき、自社の意図するところをキーワードやキャッチコピーで提示できると、業者はがぜん仕事がやりやすくなり、こちらの期待に近い企画案を出してくれるはずです。

　プレゼンテーションではブースの完成イメージを3DのCGなどで提案してくれます。立体的なので、これをパース（透視）図と呼びます。これらを検討して最終案を選び、変更希望などを伝えて実際の建て込みに反映してもらいます。

| ●オリエンテーション項目 |
| --- |
| □展示会名　□期日　□会場 |
| □小間数 |
| □小間番号　□会場マップ |
| □出展目的 |
| □出展商品（特長、用途、ウリ、対象、価格、サイズ） |
| □コンセプト　□ターゲット |
| □成果目標　□予算 |
| □テーマ/キーワード　□キャッチコピー |
| □希望のレイアウトイメージ |
| □その他 |

## ▶ ブースのパース実例

**1小間のシステムブース**
システムブースなのでムダのないつくり。モニター掛けも専用器具が使える。

**1小間の木工ブース**
1小間で木工はもったいないともいえるが、カベ面デザインの自由度は高い。

**3小間のシステムブース**
システムブースでも、曲線パーツをとり入れることはできる。

**3小間の木工ブース**
規格にとらわれないスケール感を出すことで目立つアイデアも。

◎パース資料協力 株式会社栄彩 www.d-eisai.co.jp

## ▶ 社内スタッフとブース設営してみた

　支援先の社内スタッフと協力して展示ブースを設営した記録をお話しします。ブースのサイズは3小間と本格的です。この会社の設営チーム（？）のリーダーはとても有能であり、正直なところ彼のような能力者がいなければ、ふつうの会社では3小間ブースを社内スタッフだけで設営するのはムリです。

　逆に、**1小間ブースなら頑張ればできます。便利な用品レンタルや買い取りも使えます。**予算をかけられずに1小間ブースで出展するうちは、ノウハウを社内に蓄積する意味でも自社スタッフで設営に挑戦してみてください。どこにおカネがかかるのか、**何がたいへんなのかが理解でき、設営業者に発注する際でも上手に打合せや依頼ができるようになるはずです。**

　また、カベ、床などの建て込みや什器の搬入はプロに頼むとしても、少なくとも展示・装飾は社内スタッフでおこなうことをオススメします。会期中も、お客様の反応や動線を見て配置を換えるときに柔軟な対応が可能になるからです。

　ご紹介している写真の会社も、最初は1小間出展からスタートしまし

第 2 章　出展効果を最大化する準備の仕方　準備編

た。その頃は予算がなかったからです。その後、展示会での販路開拓に成功して売上高が急上昇。それまでにさまざまな展示会への出展経験も生かして、有効と判断できる展示会には2小間、3小間で出展をできるまでになりました。

　そして社内業務との効率や費用対効果を考えると、今後はブース設営を外注にしたほうがよいのではないかと相談しているところです。

### 3小間ブースを社内スタッフと手作り設営してみた

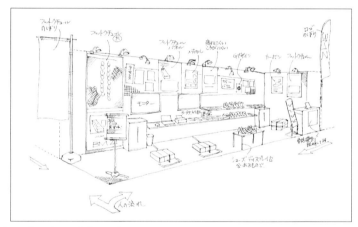

外注せずにブース設営する際は、わかりやすいようにレイアウトを手描きします。

小間の場所は床に目印テープと電源があるだけです（板のカベはとなりが設営しているもの）。

目印テープにしたがってパンチカーペットを貼ります。

85

システムパネルを組み立て、カベをつくっていきます。

カベができたら、装飾のタペストリーや照明を設置していきます。

装飾途中の様子。商品や展示物がたくさん置かれています。

装飾や展示が一応、完成したところ。現場の状況に合わせ、予定のレイアウトが一部、変更になっています。

初日の開場直後。来場者が少し入ってきました。人の流れや視線を観察し、手直しするところがあれば対応します。

第 2 章　出展効果を最大化する準備の仕方　準備編

## 出展コンセプト・クロスシートのテンプレート

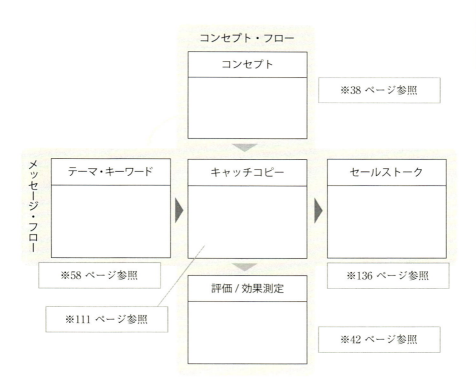

◎コピーをとってお使いください。

## Column 外国人来場者への対策も考えておく

　国内の展示会であっても、いまや海外からの来場者、出展社はまったくめずらしくありません。私も支援先企業の出展ブースで、外国人来場者への商品説明を手伝うことがよくあります。

　欧米からのお客様はほぼ全員が英語を話します。中国やアジアの来場者も英語を話すか、片言の日本語を話してくれます。それができない場合は、日本語/英語を話せる通訳を連れてきています。そのため、こちらの用意としては英語でわかりやすく説明できる準備をしておくということになります。

　社内スタッフでは英語でのコミュニケーションがむずかしい場合は、主催社側で通訳を用意してくれることが多いので、前もって通訳の派遣申し込みをしておきます。

　海外からの来場者が数多く見込まれるなら、カタログも日本文/英文を併記したものにしたり、概要がわかるA4・1枚の説明シートを別につくってカタログに差し込むように用意してもよいでしょう。

「来場者の7〜8%は海外から」というデータもあります

# 第3章

## 来場者の目をひくブースはこうつくる
## 設営編

人の動線を意識したレイアウト、そして自社のウリを生かした明快な集客の仕掛けとキャッチコピーがあれば、ライバルに勝てるブースが設営できます

出直しブースを建て込み中

##  小企業の 90% のブースは何も伝えていない

### ▶ 何を言いたいのか不明なブースがほとんど

　主に中小企業が出展している展示会を訪れると、各ブースには自社がいちばん伝えたいメッセージと信じる1文をのぼりやポスター、パネルに入れて掲示しているのが目に入ります。ところが、そのキャッチコピーは、何を言いたいのかがわからない、どこがすごいのか伝わらない。そんなブースがほとんどです。

　それでも、のぼりや大判のポスターを掲示しているブースは、じつは中級者。目立つためにはポスターやのぼりが必要だと気づき、実践している段階にあるわけです。

　その手前の初期段階にあるといえるのは、くわしい説明資料をパネルで掲示したり、商品を台の上に載せたりしているだけのブースです。大きい文字があっても、それは社名表示だけ。伝えたいことをアピールするというよりも、説明しようとしている段階です。その説明の仕方も、カタログや資料を掲示しておけば読んでくれるはず、商品を置いておけば質問してくるに違いない、と考えているのです。

　しかし、来場者の立場になって考えればわかるように、何を展示しているのか不明なブースにずいずいと入っていって、パネルに顔を近づけて説明資料を読みふける人はいません。

### ▶ 大手企業のブースも合格ではない

　では、大手企業のブースには明解な主張があるのかというと、これがやはりそうでもない。カッコいいデザインのブースに親しみのある社名とロゴマーク。そして、**キャッチコピーはおしゃれだけれど抽象的で何も伝わらない文章**です。もちろん、ダメなコピーライターが担当しているわけで

は決してありません。多様な商材を総花的に展示していますから、メッセージも最大公約数的にならざるをえないのです。けれども、それでよいわけです。そこに新たなソリューションや課題を解決する技術は見えなくとも、来場者はとりあえず立ち寄ろうとしますから。かくして、予算が潤沢な大企業のブースも何も伝えていないのです。

しかし、社名も商品ブランドも浸透していない小企業は、来場者のどのような課題を解決する商品や技術を展示しているのかを明確にアピールしなければ、何もはじまりません。とりあえず商品そのものを見せれば集客できるだろうと考えて、こだわりぬいたプロダクトデザインの商品を展示したとしても、来場者は「あれはなんだろう？」と心の中でつぶやきながら、通り過ぎていくだけでしょう。

**よく見かけるダメなブース**
- 社名しか目立っていない
- 来場者の課題を解決する提案が見えない
- 抽象的なキャッチコピーが掲示されている
- 展示物が奥にあり、入らないと触われない
- パネルの字が細かく、近づかないと読めない
- 自覚はないが、来るなオーラを出している
- テレビ番組のスタジオみたいにカッコいい
- ブティックみたいにオシャレで控えめ

「もう二度と出展しない」と考えていそうなブース

## ② 成功したければコストはかけるな

### ▶ コストをかけるほどゴールは遠ざかる

　出展を企画する立場になると、どうしても目を引くデザインや派手なブースをつくって注目を浴びたい、集客したいと考えてしまいがちです。しかし、出展のポイントをつかめないままおカネをかけても効果は上がりません。

　第2章で社内設営の例を紹介したとおり、コストをかけられるようになるまでは、できるだけ手間をかければよいのです。

　課題を抱えた来場者という立場になれば、**気になるのは豪華なデザインではなく、各ブースが打ち出している提案の中身**です。来場者の「ウチの工場、もっとコスト削減できないか？」「新商品に応用できる技術、どこかにないだろうか？」という思いに応えるメッセージを打ち出せなければ、すれ違いが起きるだけ。

　しかも、来場者が会場の細い通路をふつうのスピードで歩き、左右のブースに目配りすると考えると、1小間ブースに視線を投げる時間はせいぜい3秒ていどです。歩き疲れてくれば、注意力も散漫になってきます。この刹那に「このブースは役に立つか」「このブースに立ち寄るべきか」を来場者は判断しているのです。

　つまり、この一瞬に「えっ！ホント？」「そんなことできるの?!」と来場者に思わせなければ負けなのです。**デザインにおカネをかければ費用対効果が落ち、投資したコストを回収できる損益分岐点はどんどん遠ざかります。**

　展示会ブースはショップでもなければ、ショールームでもありません。明解なメッセージは来場者を訪問者に変えますが、ゴージャスなデザインは来場者が感心してくれるだけ。そのため、「経費ばかりかかって効果がない」と酷評されてしまうのです。

## ▶ 出展コストの目安はどれくらい？

　ブース1小間の出展料は、公共主催など低価格なもので2〜5万円ていど、メジャーな専門展で30〜40万円台。協会や団体の主催などは両者の中間で15〜20万円といったところです。会期の10ヵ月前、6ヵ月前までなら早期割引を設定している展示会もあります。これらに、ブース設営料、電気料、カタログなど印刷費、その他経費がかかります。
※1小間のサイズは前述のように各展示会によってことなります。

　おおまかに言ってブースには木工ブースとシステムブースの2種類があります。**木工ブースは、大工仕事により希望通りの造形が自由に構築できる**反面、システムブースより3〜5割高となります。また6小間以上の大きなブースにした場合、構造上の強度を増すためにも［トラス］と呼ばれる金属製の柱を組み込むことが多いようです。

　逆に、1小間出展のような場合に木工を採用するのはオーバースペックというものであり、お仕着せだけれど割安なシステムブースを選択するのがよいでしょう。システムブースの代表は［オクタノルム（独）］など組立式の部材を使用するもの。これは［オクタ=8］の名前の通り、**金属製の支柱に刻まれたタテ8本のミゾにベニヤ板を差し込んで装飾カベやタナを建て込んでいくもの**です。

トラスの設営例

システムブースのしくみ

外注の価格目安ですが、1小間をシステムブースで設営して10〜15万円、木工なら20〜40万円。2小間ならシステムブースで20〜30万円、木工で40〜80万円ほどでしょうか。これは装飾内容や業者によって幅が出るところです。

### ▶ コンパニオンの相場はどれくらい？

モーターショーに出展するような大手企業でなければ、写真を撮る人が列をなす美人コンパニオンに露出の多いコスチュームを着せてブースに配置する必要はありません。だいいち、若くてキレイでギャラの高額なコンパニオンが、ウチの会社の複雑な技術を勉強して、訪問者の質問に自力で答える、などということにはなりませんから。

ふつうのコンパニオンさん、というかアルバイトさんでよいのです。商品の特長を面白がって憶えてくれる、前向きな人ならじゅうぶんなのです。また、こうした人材をダイレクトに発注するのと、広告会社や業者経由で発注するのとでは大違いです。途中で1社、2社分のマージンが発生しますので、当然、高くなります。

私の支援先の担当者さんは、そろそろコンパニオンを入れたいと考えたときに、自社ブースの周辺で仕事をしているコンパニオンさんに「どこの会社に所属しているのか」「誰に頼めばよいのか」などを訊いて回ったそうです。価格なども聞き込んで調べ上げ、自社の展示会では1日15,000円ほどで発注しているとのこと。広告会社を経由すれば2〜30,000円以上だと思います。

これが司会やプレゼンテーションのできるMC、ナレーターモデルさんになると、どうしても高くなり、4〜50,000円ほどに。しかし、身もフタもない言い方になりますが、これも若くない方や美人ではない方を選べば安くなります。最近は**料金表をウェブに掲載している派遣会社も多いので、検索してみてください**。

一等地は通路幅とブースの向きで決まる

### ▶ よい展示会は1年前から場所取りをする

　出展することを決めたのなら、主催社への申込は早いに越したことはありません。より多くの来場者の視界に入る場所を確保したいものです。

　ほとんどの展示会が、原則的に早い者勝ちで有利な小間位置から決定していきます。「原則的に」というのは、まったくの早い者勝ちではないということです。

　イメージとしては、ホテルの客室予約に似ているでしょうか。基本は予約順だけれど、日程が近づいた頃にキャンセルが出て、むしろあとの人のほうが眺めのよい客室を予約できることがある。または「その客室は予約済みです」と言いながら、上得意の客に提供する枠を残している場合がある。

　ある展示会では、出展実績と商品内容、申込時期の早さなどを勘案して事務局で決めます、と明言しています。連続で出展しているなど、主催社から評価されている会社は有利な場合もあるようです。よい場所を、常連や大企業のために確保している場合もあるでしょう。

　また、組合や業界団体などが主催する展示会の場合は、各社とも出展する場所が毎年同じということもあります。あるいは、申込締め切りぎりぎりで迷っている会社には「じつはこんなよい場所が空いていまして…」と隠し球を使って決断させる営業テクニックも。

　その他、抽選など主催社の考え方によって、さまざまな決まり方があります。以上のことは、逆にいえば申込さえ早ければベストの位置が取れる、とは限らない現実もあることを示しています。こちらも対抗して「カド小間なら出展したい」や「よい場所でなければ出展の意味がないと社長が言っている」などのセリフが有効なこともあるかもしれません。

## ▶ メイン入口と大通りを意識して小間を決める

　展示会場には幅の広いメインストリートもあれば、細く目立たない路地裏もあります。業界を象徴するような企業や、9小間や12小間も出展する大手企業にメインストリートに面したよいロケーションが割り当てられるのはしかたのないところでしょう。反対に、1小間、2小間のブースをしつらえる中小企業はどうしても路地裏立地となりがちです。

　飲食店と同様に、集客力は前の道を通行する人の量に大きく左右されます。どれほど強力なブースをつくったとしても、訪問する人の母数は通行者数であり、その何％を誘引できるかという勝負になります。そして、メインストリートのカドまで来た来場者が、こちらを覗いたときに「あそこは何だろう」と考えて進行方向を変えさせるほどのアピールができるかどうかもカギになります。

　さらに、**もっとも多くの来場者が流入してくるメイン入口との位置関係も重要**です。メイン入口に近かったり、回遊や方向転換のポイントからの視野に入る場所に位置していれば、なんとなく訪れてしまう来場者も多く見込めるかもしれません。

　一方で、メイン入口から遠くても、アイデアひとつで目立つブースをつくることもできます。たとえば、同じ2小間を出展するのでも、通路を挟んで向かい合うカタチで場所どりをすると占領するスペースイメージは広がります。その他の、発見してもらう方法は次項をご覧ください。

## ▶ メイン入口から人はどう流れるのか

　ある展示会で、私はメイン入口に立って来場者がどんな様子でどちらの方向に歩いていくかを300人分、観察調査したことがあります。

　入口からまっすぐに進むメイン通りは幅が広く、見通しがよい。右と左に曲がる通路はやや狭い。誰でも、メインストリートに面して出展したいと考えるはずです。カウントした人数では、予想通りまっすぐ進む人が左

右に比べて1.5倍という結果でした。しかし、細い脇道も健闘したという印象を私は持ちました。

来場者の行動の様子なのですが、3人以上のグループで来た場合はまっすぐに進むケースが多くみられました。他の人もいるので、クセのある行動は慎んでおこう、ということだと思います。

1人の場合は、その場で案内マップを広げて悩み、左右を眺め、そしてとりあえず気になるブースの目標を見つけるとその方向へと進んでいきます。2人はそれらの中間で、ひと言二言交わしてからまっすぐに進んだり、左右へ曲がったりします。

昔からよく言われるのが、「人は心臓を守るように左へ曲がりやすい傾向がある」、というもの。陸上のトラックも左回りとなっています。スーパーマーケットなども、条件が許せばお客様が左回りで買い物できるようにレイアウトされているケースが多いといえます。

もちろん、全員がそのように行動するわけではなく、実際には数%の差にしかなりません。しかし、来場者は万単位ですから、こうしたルールも意識して場所選びをしてもよいでしょう。

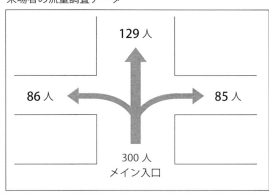

来場者の流量調査データ

# ④ 30メートル手前から発見してもらう方法

## ▶ 商店街の人気店にはよい看板がある

　展示会場は小さな街であり、ショッピングモールであるともいえます。そのなかで自社ブースに立ち寄ってもらうためには目立つことが必要です。

　なかにはメイン入口でチラシを配ってそのままブースへ案内するなど、「1人1人を招いていく積み重ねが大切」と説く広告会社さんもあるのですが、本書の意図は別のところにあります。

　まず、どれほど見込み客に刺さるキャッチコピーを掲示していても、ブース前を通ってもらえなければ効果は限定的です。そのためには、ブース前を通る来場者だけではなく、入口から会場全体を眺めた人に気づいてもらったり、通路手前のカドを行く人にもアピールして誘引しなければなりません。つまり、ブース前に来てしまってからではなく、**遠くから「あそこに何かある」と視認してもらえるアイキャッチャーがあれば訪問の目標にしてもらうことができる**のです。

　ふつうの商店街やショッピングモールの店舗での商品販促の考え方で重要なのは、**＜店舗の30メートル手前、店頭の3メートル手前、手にとって眺める30センチ＞という、3つの＜3＞**です。そのとき、いちばん最初の仕掛けとなるのが、30メートル手前でのアピールなのです。そこで、30メートル手前から、「あそこに何かがある」と認識、意識してもらえるほど目立つアイキャッチャーを用意することが最初の仕掛けになるのです。

## ▶ 低コストで目立つバルーンとのぼり

　一般的なツールとして、もっともオススメなのはバルーン（エアポッ

第3章　来場者の目をひくブースはこうつくる　設営編

バルーンで圧倒的に目立つ

プ）と呼ばれるものです。バルーンにメッセージを書いて高く掲げることで遠くからでもかなり目立つことができます。

　かつては商店の店頭に扱い商品を巨大にした看板がよく掲げられていたものです。たとえば、乳製品メーカーなら巨大な牛乳パックを掲げて傾けてみる。シューズメーカーなら巨大なスニーカーを掲げる、など。アイデア次第で非日常なシーンが注目を集めてくれます。

　製作方法はバルーンでも木工でもかまいませんが、バルーンの方がボリュームの割に圧倒的に低コストなのでオススメです。

　写真の例は、ブース上部にバルーンを設置し、しかも空気圧の送り方によって回転するように製作したものです。人間は動くものについ視線を向けると言われます。これはおとなしい他社のブースを尻目に、多方向からの視線を集めることができ、集客として大成功の仕掛けでした。

　こうした作り物に予算をかけられないなら、目立つ色に染めたのぼりを高く掲げることからはじめてはいかがでしょう。ふつうはのぼりを製作しても、床面に置いて使用します。これを、土台を使用せず、カベ上に高々と掲げるだけで注目される旗印となります。

このアピール方法の障害となるのは主催社側の高さ制限です。高さ制限が床面から何メートルなのかは展示会ごとにことなります。経験的にいうと、厳しい場合でも2.7メートル高さぐらいでしょう。しかも、そのときでも3メートルくらいまでであれば見逃されるように思います。

　**高さ制限が3.6メートルであれば、上方の空間をかなり有意義に活用できる**でしょう。なにしろ、他社には、「ブース上の空間を使えば目立つからぜひ活用しよう」と考える人が少ないのですから。

### ▶ いちばんのアイキャッチャーは人

　じつは、いちばん効果的なアイキャッチャーは"人"です。つまり、行列のできるラーメン店が「おいしいのでは？」とウワサされるように、ブースに人が集まっていれば「あそこには見るべき何かがあるに違いない」と来場者は考えるのです。

　本書がオススメするとおりのブースづくりをすれば、だまっていても人は集まってきます。既存の取引先や見込み客に招待券を送付しましょうと述べたのも、そうした訪問者たちが呼び水となってくれるからです。

　また、モニター体験や無料診断をおこなったり、クイズ大会など数分間かかるイベントを実施すると人の滞留が起きやすくなります。次項では、そのようなソフトウェアで人を集める方法について述べます。

#  わかりやすい集客の仕掛けをつくる

## ▶ 記憶に残す、人を集める仕掛けをつくる

　来場者は、自身に関係がありそうなブース前を通りかかったときには歩く速度をゆるめます。しかし、完全に足を止めたり、ブース内に足を踏み入れてもらうには、もう一段の工夫が必要です。そのため、**ぜひ来場者の背中を押す誘引の仕掛けがほしい**のです。

　以前、蛍光灯の飛散防止カバーを紹介している展示ブースを見ました。そのブースでは、人が通りかかったところを見すまして、いきなり蛍光灯をガシャーンとたたき割るのです。私を含め間近にいた人は「何ごとかっ！」と驚き、強いインパクトを受けました。

　後日、この会社が訪問者にメールを送ったり、営業で訪れたときも、「蛍光灯を割っていたC社ですが…」と伝えれば、相手は鮮烈に記憶がよみがえり、商談もスムーズに進むに違いないと思いました。まさに、五感に訴えて印象に残す、秀逸な事例です。

| 五感に訴えるインパクトのある表現の基本 | |
|---|---|
| ● アイキャッチャー | 目立つもの、大きいもの |
| ● サウンド | 音が響くもの |
| ● アクション | 動き、演出 |
| ● メッセージ | 刺さる言葉 |

## ▶ 興味のある人を吸引する仕掛けのつくり方

　すぐれた仕掛けは商談に結びつきやすい訪問者をたくさん集め、ひいては出展の成果を決定づけます。話を聞いただけよりも、実際に体験したことは記憶に強く焼きます。つまり、ブース訪問のきっかけづくりであると

VRの実演風景

同時に、記憶に残してもらう手立てなのです。

　では、そのような仕掛けを企画するにはどうすればよいでしょうか。まずは**自社の商品、技術、メリットを、インパクトのある表現に変換したらどうなるかを考えてください**。あるいは、**お客様に提供できる価値の"入口"をプレゼントするとすれば何になるのか**。それも、できれば成約へと向かう流れの端緒となるような仕掛けにしてください。

---

**集客の仕掛け例**
- 体験できる　●試用できる　●試食できる
- 無料トライアル　●コスト削減診断　●節電料金試算　●ミニセミナー
- ゲーム参加　●サンプル配布　●モニター募集　●事例集/小冊子プレゼント　●ミニコンサルティング　●相談会　●特別優待価格

---

　あまり複雑な仕組みにすると敬遠されてしまいますので、シンプルにするのがコツです。**大手企業が万人の欲しがる人気ノベルティグッズを配布するなら、中小企業は自社の商品に興味がある人だけが欲しがるモノ・コトを提供すればよい**—。それは、ノウハウを伝える相談会や小冊子などでもよいのです。

　たとえば、AIやVRなどは体験提供が定番です。体験者の楽しげな反応がブースの集客にもつながり、波及効果が見込めます。

会期後の営業訪問を歓迎してもらえるアイデアとして、その場で渡せないプレゼントが抽選で当たるクイズやアンケートを実施し、営業したい会社を選んでおいて「当選しました！」と連絡をし、「景品を届けに行く」という戦術もあります。

### ▶ 出展の成否を左右した仕掛けの成功例

　環境製品をつくっている支援先である菊川工業（株）のブースでは、製品導入によってどれほど省エネ効果が見込めるかをその場で診断するサービスを提供しました。

　用意したノートPCの表計算ソフトに訪問者が所有するビルの規模などを入力し、当社技術と製品を導入すれば$CO_2$排出量をどれだけ減らすことができるかを算出、その場でプリントアウトしてお渡しするというものでした。

　来場者は自社ビルにカスタマイズされた省エネデータを入手することができるので喜び、こちらは営業の余地があるかどうかを判断できる情報をつかめるのですから有意義です。その後に営業訪問をしても、あまりいやがられることがありませんでした。

モニター募集で誘引

無料診断で誘引

このように、**興味を引く無料サービスによって商品の価値を顕在化でき、さらには実際の商談へも結びつけやすい仕掛けが最も有効である**といえます。

　別の支援先である機能性インソールのメーカー、(株) BMZでは、"モニター募集"が鉄板の仕掛けになっています。来場者のシューズを脱がせ、その場でインソールを抜き取って自社製品をサイズ調整して挿入、使用感想を問うのです。

　インソールをハサミでカットする間も、自社製品の差別化点を自然にトークします。後日、アンケートハガキを送ってくれることを条件に、インソールはプレゼント。スポーツ店やシューズ店のオーナーは自分が試用することで納得し、かなりの高率で取引が開始します。

　最近では同社がインソールのオーダーメイド事業を開始したため、こんどは来場者に3Dフットスキャナーに乗ってもらい、その場で足のタイプや状態を診断、カルテを渡すという仕掛けをはじめました。

　自分の足型の立体画像を見ながら、足アーチが下がっている、足が内回（内側に傾いている）しているなどの判定を聞き、高額なカーボン製インソールをその場でオーダーしていく人も少なくありません。

大人がプレーに興じる金属ゴマ〔メカベー〕

車いすに試乗できる〔もんちゃん〕

## ブースレイアウトは人の動線を意識する

### ▶ 人の流れと動線に合わせて展示装飾する

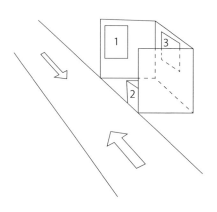

もっとも注目されるポイントはどこか？

　展示する要素は、第2章の9項でリストアップしました。本項ではそれをどのようにレイアウトするかを考えていきます。

　ところで、**たとえ左右を他社のブースに挟まれた1小間のブースであっても、表と裏があります**。大きな人の流れが想定される方向からの視点が表であり、その反対側は裏になります。それゆえ、人の動線も掲示物の見やすさと見てもらう順番も、それを基準に考えるとうまくいきます。

　具体的には、表側から見やすいようにのぼり、タペストリー、ポスターを掲示します。とくにのぼりやアイキャッチャーは、大通りから見てもらえる場所に設置することを心がけてください。

### ▶ 商品はすぐに手の届く通路沿いに置く

　次に、商品を展示する場所は通路沿いとします。通路を歩いてくる人から見えやすく、ブースに入らずとも手で触われるように展示します。その商品が、写真共有アプリ［インスタグラム］に投稿してもらいやすい、いわゆるインスタ映えのする展示物なら、ネットで拡散されることも期待できるかもしれません。とくにB2Cの展示会であればなおさらです。

　ただし、商品を置いた展示台や受付が並んで間口が狭くなると、訪問者

をブース内に受け入れるのがむずかしくなります。1小間ブースであれば、ブース内に入ってもらうことをあきらめる考え方もありますが、そうなると奥の掲示物は相当大きな文字と図にしないと役に立ちません。

　**間口に展示品を置くか、開口部を広めにとるかは悩ましいところですが、迷ったら開口幅をできるだけ広くとってください。**

　また、1小間なら入口を1ヵ所つくるだけですが、2小間、3小間以上であれば、入口から商品、ポスターを見せながら順番に説明し、出口あたりで商談への本気度を聞き出せるような流れにする前提で考える必要があります。

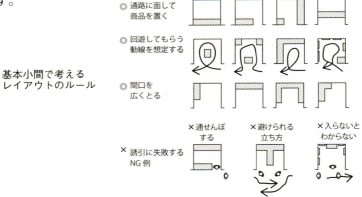

基本小間で考えるレイアウトのルール

### ▶ ブースに入る抵抗感をなくす方法

　昔ながらの商店街には、もともと狭い入口に店主がこわい顔で立ちふさがってお客様を寄せ付けない、という店舗がよくあります。無自覚なのでしょうが、これはまさに反面教師であって、ブースもオープンであることがなによりです。

　入口は広くとり、知らない間に狭い内部へ誘い込んでいく「追い込み漁」が理想です。

　2、3小間以上の広めのブースであっても、ちょっとした抵抗感で訪問者は増減します。たとえば、間口の上に位置するハリ（梁）をなくすだけでも「くぐる」心理が薄まり、訪問しやすくなります。また、奥のカドが

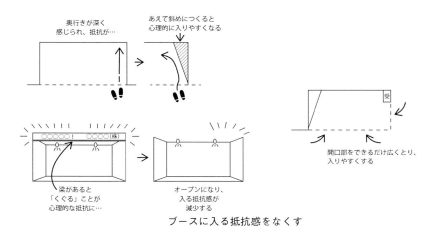

ブースに入る抵抗感をなくす

直角だと「深く入ってしまう」心理がはたらき、二の足を踏みます。そこで、あえて斜めの装飾にして浅い印象にすると、抵抗なく入ってくれる来場者が増える効果があります。

### ▶ ストックスペースの設置も必要

　3、4小間以上であれば、ブース内にストックスペースやバックヤードを設置する余裕ができます。これは、スチールラックをひとつ置き、人が出入りしたり、着替えができるくらいのスペースをとるものです。

　ここに、サンプルやカタログの予備を置いたり、スタッフのカバンなどもしまっておきます。場合によってはカギがかかるようにしておくとより安心です。

　1小間から2小間ていどのブースですと、物を置いておくスペースを別途に確保する余裕がありません。その場合は、つねにスタッフが1人以上は常駐する前提で、ブース奥に設置したタナの下や、受付台の下の部分などを置き場所として利用します。貴重品は会場のロッカーに預けることができますし、会場の一隅に出展社用のスペースをとってくれる展示会もあります。

## ツールの効果で圧倒的に目立つ方法

### ▶ パネルを基本ツールと考えない

「どういうブースだと立ち寄りたくなるか」と来場者にアンケートをとると、「商品の特長がわかる看板のあるブース」と答えます。つまり、自社と関係があるブースを瞬時に見分け、効率的に回るための手がかりがほしいのです。

しかし、出展しているほうは"看板"より「展示会といえばパネル」と考えていたりします。小さな文字ばかりのB2やA1パネルを、ブース奥のカベに貼る。近づかなければ読めない、わからない。来場者は、めんどうなので通り過ぎてしまいます。

パネルは、よりくわしい情報を提供するためのツールと位置づけたほうがよいでしょう。たとえば個々のユーザー導入事例、技術情報などです。

さらに、中小企業が出展する場所は、メインストリートから1本入った裏通りのことが多く、通路も狭い。通路が狭いと、行き交う来場者は人の流れに飲まれて、金魚のようにあっぷあっぷと顔を上に向ける。すると、自然に視線はブースの上部に注がれ、そこに書かれた情報を読むことになる──。ここに何を表示するかが運命を大きく分けるのです。

### ▶ 大判出力で壁面ポスターやタペストリーにする

最近は大判印刷が安価になりました。ネット経由で注文すれば数千円で手に入ります。これを利用してつくるのは、ブースのカベ全体がカラーカタログの見開きのようになる、明解な壁面グラフィックであり、使い回しの利くタペストリーなのです。

くわしい説明が必要な商品でもパッと見て理解してもらえたり、カベを指さして「ここが、いままでとは違うポイントなのです！」などと説明す

ることができま
す。タペストリー
も、使い回しをし
てブースに張り出
せる便利なツール
となります。
　1小間ブースで
あっても、基礎装
飾さえできていれ

文字だけで明解に誘引

ば、あとは大判プリントやタペストリーを貼りつけるだけ。それなら、あまり手間もコストもかけずにできるでしょう。
　とくに**タペストリーとして、商品メリットをすぐに理解してもらえる定番の1枚をつくっておくと便利です。**他の展示会やイベントなど、さまざまな場所で使い回しをすることができます。

　そもそも広告とは、12歳の子供にもわかる表現でつくるべきです。いずれも、（バカにしているのか？）というくらい、大きな文字と明解な説明イラストを入れてつくってください。むしろ、文字だけでもだいじょうぶです。
　そうしてはじめて、通りすがりの来場者にたいして数秒のうちにコミュニケーションできるツールが完成します。それさえあれば、声かけなどしなくても、来場者のほうから近寄ってきてくれるブースができあがるのです。

## ▶ 動画がチカラをもつ時代ではあるけれど

　最近は長い文章を読んでもらったり、話をじっくり聞いてもらうことを期待できない時代。そこで、よく語られるのが動画活用の重要性です。使い方がわかりづらい商品や情報システムのようにカタチのないものでも、

動画で説明をすると理解してもらいやすいといえます。

　展示会場でも、テレビ東京の「ワールドビジネスサテライト」の中の人気コーナー「トレンドたまご」で紹介されたときの映像を流しているブースがあると、（あ、この放送見た）などと思いながら、つい足を止めてしまいます。

　ブースで流す動画は、ふだん企業サイトや技術情報サイトで活用しているものを流用してもだいじょうぶです。島小間（独立小間）など、どうしても裏口ができてしまうところへ設置すると無人で理解を促進、誘引できるツールとなります。

　また、いまでは大型液晶パネルも値段が下がりました。ただし、購入すると自社で保管や運搬をしなければなりませんので、あえてレンタルを利用するという選択もあります。

---

**動画のタイプ**
- 企業／工場紹介ビデオ……ウェブなどでも掲載している会社案内的な動画
- 商品紹介ビデオ……新商品のウリ、機能・特長をプレゼンする動画
- 導入事例ビデオ……商品・技術を先行して導入している成功事例の紹介動画
- POPビデオ……派手な音やキャッチコピーで耳目を引き寄せ、誘引する動画
- メディア紹介ビデオ……テレビ番組内で取りあげられ、放映された動画

---

　ただし、どこのブースでも動画が活用されてめずらしくなくなった分、集客や足止め効果は大きくはなくなりました。

　また、展示会によっては**会場内に音楽が流れていたり、近隣に大きな音を出すブースがある可能性もありますので、無音でも伝わるように字幕を入れた動画のほうがよいでしょう。**

**来場者に刺さるキャッチコピーの書き方**

### ▶ 伝わるキャッチコピーが勝負を決する

　私が商工会議所からお呼びいただくセミナーテーマの7割はキャッチコピーの書き方です。ご担当者から「いつもは集まりがわるいのですが、今回は最近でいちばんの集客ができました」という言葉をお聞きすることも少なくありません。ビジネスにはキャッチコピーが大切だ、ということは誰もがわかっていることなのです。

　たとえば、**殺風景な1小間ブースに大判ポスター1枚を掲示しただけで、立ち寄る理由が生まれる。大切なのは、予算やツールの種類よりもメッセージのチカラです。**

　出展するならプロが装飾デザインをしなければダメ、という意見を耳にすることがあります。私はターゲットにしっかりと刺さるメッセージがそこにあれば、野暮ったくてもまったく問題ないと考えています。とくにB2Bであれば、目先のデザインはそこそこでもよいのです。

　いまでもあざやかに覚えている事例が、福井県の展示会場で見かけた"お習字"ブース。出展の主がウリだと信じるキーワードが毛筆で黒々と揮毫されて貼り出されており、そのインパクトは強烈でした。

### ▶ こんなキャッチコピーでは困ります

　私は来場者としてさまざまな展示会を見て回りますが、前述のように「何のことだろう？」と首をひねるキャッチコピーは枚挙にいとまがありません。いちばん多いのが、大手企業風のカッコいいキャッチコピー。イメージ的、抽象的で何を伝えたいのかが不明です。

例：「発想が技術を楽しくします」
　　「見つからなかった製品がここにある」
　　「しがらみからの解放─」

　では、「品質はそのままでコストダウン」のようなキャッチコピーは、具体的なメリットを述べているでしょうか。いいえ、これでも「誰の？」「どんな業務の？」商品・サービスなのかが不明ですので、本来のターゲットも気づかずに通り過ぎることになります。結局、具体的なようでいて抽象的なキャッチコピーなのです。

例：「樹脂の先端技術で未来を創る」
　　「簡単・迅速・高精度です。」
　　「確かな技術で高精度加工」

　一方で、とても具体的で専門的すぎるキャッチコピーもあります。高度な技術力を自認している会社ほど、説明のスタート地点も高くなりがちのようですが、性能の文字ら列だけでは伝わりません。よく聞く言い訳は「技術がわかる人にはこれで伝わるのです」。しかし、それは買いかぶりで、そこまでの知識がないお客様を取りこぼしてしまいます。

例：「AI搭載の高輝度・高精細ディスプレー」
　　「0.5μ/mでレベル出しをローコスト化」
　　「原着成形加工の加飾技術を開発」

## ▶ 社名より商品名、商品名より解決策を書く

　出展している多くの企業が「社名」をいちばんに表示します。しかし、見込み客がめざしているのは会社ではなく、会社がつくる製品や技術、サービスです。既存客相手なら社名は目印になりますが、新規客と出会い

たいのであれば社名はいらないはずです。

　もっとも目立たせるべきなのは、社名ではなく、商品名でもなく、「○○の課題を解決します」というメッセージです。しかも、自社にしか言えないことを語ってこそ、キャッチコピーとして成立します。この原則をわかって実践するだけで、あなたのブースに訪問者が増えるのを実感できるはずです。

### ▶ 切り口は＜ターゲット・課題・メリット＞

　＜ターゲット＞というのは、お客様を明示して呼びかけるものです。「○○を生産する工場へ」「○○メーカー向け」「○○業専門」のように、対象が絞り込まれているほど反応率が高くなります。あなたの商品を、いちばん切実に求めてくれるお客様は誰なのかを考えてください。

　＜課題＞とは、「チタン難加工でお困りなら！」「△△はむずかしくない！」「△△の失敗で悩む前に！」のように、会社が抱える課題を提起するものです。ターゲットと課題を組み合わせると、「生産性が上がらないとお悩みの経営者様へ」のようにキャッチコピーらしくなります。

　＜メリット＞とは効果や便益のことですので、「○○できる！」のような表現になります。「大幅コストダウンが可能」「持ち運びできる○○」「高速はんだ付けで○○を実現」など。

　上記の3つの要素を1文に入れ込むと、「□□分野の△△を○○で解決」「△△工場でも○○できる！」「□□は△△が困る！　○○なら□□できる！」のように強いキャッチコピーができます。最初にキャッチコピーの書き起こしに悩んだら、この切り口で書きはじめてみてください。

### ▶ 機能・性能ではなく便益・シズルを伝える

　キャッチコピーには機能・性能は書かない。こう言うと意外に思われるでしょうか。「ウチの商品には、他社にはない機能・性能がある。だか

ら、これをいちばんに伝えたい」。それはよく理解ができます。しかし、**伝えるべきは機能より便益**です。

　ネーミングの事例ですが、かつて無印良品にはシワになりにくい生地を使った［たためるジャケット］という商品がありました。ところが売上はまったく振るわず、販売中止の憂き目に。しかし、せっかくの技術がもったいないとして、ネーミングを変更して再発売することにしました。

　新ネーミングは、［旅に便利なジャケット］。ジャケットなのにたたんでバッグに入れておいてもシワにならない、だから旅先でディナーに着ようと取り出しても、すぐに着られて便利だわ、というストーリーです。

　「シワになりづらいのでたためる」→「旅先に持っていくと便利」という連想ゲーム。これこれの機能・性能がある→だから、こう使える、こういうメリットが手に入る。これほどかんたんなことでも、答を書いておかなくては伝わらないのです。

　かつて、アップル社のスティーブ・ジョブズは2001年のiPod発表プレゼンに登壇し、「大容量5GBです」と宣言する代わりに「1,000曲を持ち歩ける」と表現しました。次に、2005年にはiPod Nanoを「うすく、コンパクトなボディ」と自慢するところを、「ほら、ここに入っている」と言いながらジーンズのウォッチポケットから取り出して見せました。

　ユーザーは、（大好きな曲のほとんどを持ち歩ける）、（サイズを気にせず、どこでも聴ける！　これはすごい）と、自分が買ったあとのメリットを鮮明にイメージできたことでしょう。

### ▶「評論」ではなく「定義」するように書く

　展示ブースのキャッチコピーを読んで残念に思うのは「評論コピー」があまりにも多いこと。間違ってはいないのだろうけれど、商品のごく一部の特性だけを述べた、評論家のヘタなコメントのようなキャッチコピーです。

たとえば、「世界で初めて工業生産化に成功した特殊鋼板です！」のような一文。革新的なことは推察できますし、事実を伝えてもいるのでしょう。しかし、これでは本質をはずした側面的な評論に過ぎません。**本質とは、「これまでのどんな課題を解決できるのか」という決定的なベネフィット**です。例文は、次のように改善することができます。

→改善例A「サビず、軽く、高強度。百年建築を実現する鋼板」

こちらは、差別化のポイントや用途をきちんと定義しています。さらに、この価値をもっとも切実に認めてくれるターゲット向けに書くことで、初期ユーザーを育てるとしたら、次のようになるでしょう。

→改善例B「この鋼板が、海浜部のコンビナートをサビから救う」

こちらは切実なユーザーを意識したキャッチコピーになっています。初期市場を開拓するメッセージとしては、改善例Bのほうがよいかもしれません。また、改善例Aのような定義は商品スローガンとして使用することができます。商品スローガンとは、商品が何者かを短く伝える一文で、ネーミングとともに使用するものです。

キャッチコピーは「何を言うか」＋「どう言うか」の2段階で考えましょう

# ⑨ ブースのカラー戦略でここまで変わる

## ▶ ブースのメインカラーはこう決める

　ブースにおいて、形状デザイン以上に大切なのが色使いです。
　ブースの全体カラーは、基本的にはコーポレートカラーを使用することをオススメします。「コーポレートカラーを使うのはもう飽きた」という担当者も多いようですが、見込み客のほうは飽きていません。飽きていないどころか、あなたの会社のコーポレートカラーなど意識したこともないでしょう。
　展示会場で、カタログで、業界雑誌広告で、何年も使いつづけてはじめて、「あの色はあの会社だったかな」となるのがせいぜいなのです。そのため、展示する目玉商品は変わっていっても、イメージカラーは踏襲していくことが大切です。それが少しずつ記憶に蓄積していき、ブランディングにつながるのです。

　しかしコーポレートカラーというものは、精密機械やエレクトロニクスメーカーなどの企業はブルー系が多く、食品メーカーは赤系が多いという傾向があります。ここへグリーン系まで入れると、ほとんどの企業がこれら3色のうちに収まってしまうでしょう。
　それでは単なる平凡な色、ということになりかねません。そこで、コーポレートカラーとは無関係の派手な色を使うのもひとつの方法です。たとえば、ふつうはブースに使われない色（ピンク、黒、紫など）をあえて使うのです。こうした色を使用すると、とりあえず目立ちます。
　ただし、ピンク色で3小間以上のブースをつくりますと、くどくなりすぎてあまり好感度を期待できない外観になります。そのため、**小さなブースはユニークな色使いで目立つ作戦もあるけれど、大きなブースになったら正攻法でいったほうがよいのです。**

> **色のもつイメージ**
> 青…………精密な、男性的、さわやか、クール
> 赤…………温かい、情熱的、派手、食欲をそそる
> 白…………清潔感、真面目、存在が薄い
> 黒…………高級感、おしゃれ、シック、暗い
> オレンジ…温かい、陽気、元気、明るい
> 茶…………地味、大人、落ち着いた
> 緑…………エコ、さわやか、安全
> 黄…………明るい、目立つ、子供っぽい
> グレー……上品、おしゃれ
> ピンク……かわいい、甘い、女性的
> 紫…………おしゃれ、上品、高貴な

## ▶ 視覚効果を高める色の数と面積とは

　いろいろな色をカラフルに使い散らしたブースは、スーパーマーケットの店頭のようになり、ひとつのかたまりとしての存在感が出ません。小さいブースほどひとつの色に絞り、ごく一部に利かせ色を配するていどがよいのです。

　**のぼりとタペストリーのデザインでは、基本は濃い色地にして、抜き文字（または色文字乗せ）にすると目立ちます。** 街なかの外食産業の看板を思い出してください。ほとんどが赤字に白抜き文字や、オレンジ地に黒文字などのはずです。

　これらは、大手外食産業が長年、目立つデザインを模索してたどりついた色彩戦略です。暖色系なのは食品だからですが、抜き文字の可読性のよさはうたがう余地がありません。まちがっても、白地に黒文字乗せなどにはしないでください。遠くからはまったく目に入らない"看板"となってしまいます。

　さらに、誘目性（目を引く色）、視認性（読みやすさ）という観点でみ

ても、赤などの暖色系がよいとされます。そうなると、のぼりやタペストリーに使用するメインカラーも暖色系がよいということになります。もちろん、商品イメージとの関係もありますので、そこは適宜、使い分けてください。

## ▶ 光の効果を操る　〜透過光か反射光か

　私たちは、紙に印刷されたカラーチラシなら反射光を見ており、パソコンの液晶画面なら透過光を見ているということになります。ブースでいうと、**LEDライトを点灯すればその直下はライトアップ（反射光）されますが、光源を布やビニールで包むと、大きな発光体（透過光）が出現して大いに目立つということになります。**

　ハンバーガーショップのメニュー板が裏からライトアップされているようなものです。パネル類もLEDで背面からライトアップされることで、目立つようになっています。

　また古来、日本には行灯（あんどん）という知恵があります。ロウソクを裸で灯すだけでは限定的にしか明るくならないのに対して、光源を和紙で包むと光が拡散し、周囲をより明るく照らすという原理です。

　応用イメージとしては、大きなバルーンにライトを仕込むと全体的に光って目をひきます。設営の現場でも"アンドン"と呼ばれています。

　そして、照明は多すぎて困ることはありません。とくに、真っ黒や濃紺など暗めの色をブース全体に使用する場合は照明を多めに設置するのがコツです。そのとき、来場者の目線にあたって眩しくならないようにしてください。目がつらくて視線を向けられないブースに人が入ってくることはありません。

第3章 来場者の目をひくブースはこうつくる 設営編

## 展示会出展コスト計算例

| | 項 目 | 予 算 | 実 行 | 合 計 |
|---|---|---|---|---|
| 会場関連費 | 出 展 小 間 料 | 300,000 | 300,000 | 300,000 |
| | 小 間 設 営 費 | 180,000 | 180,000 | 180,000 |
| | 電 気 工 事 費 | 35,000 | 35,000 | 35,000 |
| | 搬 入 出 費 | 50,000 | 38,000 | 38,000 |
| | 人 件 費 | 45,000 | 45,000 | 45,000 |
| | 交 通 ・ 宿 泊 費 | 30,000 | 32,000 | 32,000 |
| | 雑 費 | 20,000 | 14,520 | |
| | 消 耗 品 費 | 10,000 | | |
| 印刷物関連費 | 掲 示 物 ① | | | |
| | 掲 示 物 ② | | | |
| | カ タ ロ グ 制 作 | | | |
| | チ ラ シ 制 作 | | | |
| | 招 待 状 費 | | | |
| | ノベルティグッズ費 | | | |
| その他 | 通 信 費 | | | |
| | データリスト化費 | | | |
| | | | | |
| | 合 計 | | | |

- 商品・資材を送る費用（搬入出費）
- コンパニオン、ナレーターモデル、アルバイト（人件費）
- のぼり、タペストリーなど（掲示物）
- DM印刷、郵送料（招待状費）

設営編

### 展示会に効くキャッチコピーの選び方　〜基準となる7つの視点

(1) **選ぶ理由が生まれるか**
　そのキャッチコピーに触れたときに、「それなら欲しい」と感じてもらえるか。明解な「買い」の理由をずばりと書いておくことが必要なのです。

(2) **主張が伝わるか**
　しっかりとウリのポイントを書くことができれば、それだけでまずはキャッチコピーとして合格です。中身をまったく知らない友人に見せて、何を言っているかがわかるかを確かめるのもよいでしょう。

(3) **具体的か**
　大企業のテレビCMのような抽象的、イメージ的なキャッチコピーでモノが売れることはあまりありません。ダサくなるのも覚悟の上で、具体的に書きましょう。

(4) **個性的で記憶に残るか**
　当たり前の文章では個性的にはなりえませんし、記憶にも残らないでしょう。そこで、文章中の単語を強いコトバに置きかえるのです。それにより、キャッチコピーの印象はずいぶん変わります。

　■**強いコトバの7パターン**
　●**数字**　数字を入れると具体的になり、訴求力が高まります
　●**課題ワード**　顧客が切実に悩んでいるコトバ
　●**オノマトペ**　ガンガン、ドンドンなどの擬音語・擬態語
　●**感情に触れるコトバ**　後悔します、いまは買うな、などの広告らしくないコトバ
　●**流行語**　そのときの流行語を使うと、思わず笑って憶えてもらえます
　●**方言**　地域産品などはわざと方言を使うと体温や親しみが伝わります
　●**初耳のコトバ**　聞いたことがない業界用語などをあえて使うとインパクトが出ます

(5) **短いか、読みやすいか**
　同じ内容を伝えるなら、キャッチコピーは短いほうがよいに決まっています。また、難読漢字や英単語をアルファベットで書けば、とうぜん読みづらくなります。

(6) **語感がよいか**
　リズム感は大切。韻を踏んでいる文は、読み手もつい心の中で心地よく感じてしまうものです。

(7) **好感が持てるか**
　不快なキャッチコピーで記憶に残してもらおうという戦法の会社もありますが、ビジネスは気に入ってもらってこそのもの。ウソ、大げさ、不確かなデータなども企業イメージをそこなうことにつながります。

# 第4章

## 訪問者が途切れないブースはこう運営する
## 運営編

ムリな声かけはしないことと、効率的なセールストークを磨き、それを共有すること。来場者の心理を知れば、余裕のある運営が可能になります。

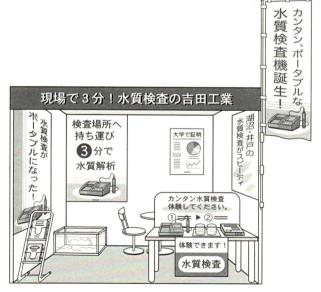

ウリが明解に伝わる装飾が完成

#  スタッフ編成とマニュアルで省力化する

## ▶ スタッフの役割とシフトを決めておく

　展示会の会期までに運営体制と人員配置をしっかり決め、予期しない事態が起きても困らないようにマニュアル化しておく必要があります。そして、次回以降への学びとするため、ブース運営のノウハウとして追加・修正し、社内に蓄積していきます。

　また、当日の運営オペレーションはきちんとつくり込んでおきます。とくに、文書に残していくものについては徹底してください。契約意向度など訪問者の情報をコンタクトシート（ヒアリングシート）に記入し、名刺とともにストックしていきます。ミスなどがあった場合も、経緯を書き残しておきます。

　「シフト」を組むのは、はコンビニや飲食店のバイトと同じです。各人の得意不得意を考慮した適材適所を基本としてスタッフに役割を分担し、タイムテーブルを作成します。忘れがちですが、ブースの様子を写真や動画に記録してSNSなどにアップする人も必要です。

　スタッフの役割付けは、多階層型よ

|  |  | 10/1 | | 10/2 | | 10/3 | |
|---|---|---|---|---|---|---|---|
| リーダー | 佐藤 | ○ | ○ | | ○ | | |
| | 鈴木 | | | ○ | | ○ | |
| 説明 | 山田 | ○ | | ○ | ○ | ○ | ○ |
| | 山本 | | ○ | ○ | | | ○ |
| | 佐々木 | ○ | ○ | ○ | ○ | | |
| サポート | 吉田 | ○ | ○ | | | | ○ |
| | 高橋 | | | ○ | | ○ | |

スタッフのシフト表

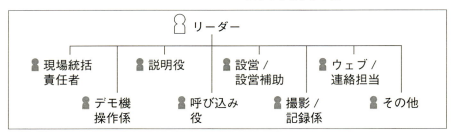

```
運営マニュアルの内容
□展示会概要、全体スケジュール
□展示会の性質、来場者属性
□出展の目的 / テーマ
□出展数値目標
□出展商品 / 技術
□会場全体図、小間の位置 No.
□ブースデザイン / 平面図
□メイン・ターゲット / サブ
□実演・デモ内容
□スタッフ名簿 / シフト表（役割分担）
□基本キャッチコピー
□基本トーク集（スクリプト）/ 想定問答集
□コンタクト（訪問者管理）シート、報告シート
□エスカレーションルール / 階層
□配布カタログ種類、ノベルティ（補充 / 取扱い）　誰に何を配布するか
□デモ機器、実演など操作マニュアル
□会場搬入 / 入退出ルール / 休憩所・トイレ・自販機場所 / 注意事項
□緊急時連絡先 / 関係者携帯 / 主催社担当者
```

りも文鎮式フラット型がオススメです。つまり、リーダー1人にたいして説明役、デモ役などの各人が直接ぶらさがるカタチです。

●**運営ルール**

例：対象別資料配布の決まり

① 取引先・業者・新規取引➡
　（会社案内・総合カタログ・単品カタログA・エビデンス資料・ユーザーレビュー・ご使用アンケート）を渡す
② 一般ユーザー・個人➡
　（会社案内・カタログ・単品カタログB）の3点を渡す

※以上のルールは原則であり、各スタッフの判断も必要です。

このほかにも名刺の分類基準と分別処理は大切ですので、必ずルール化してください。

### ▶ スタッフ人数は多すぎず、少なすぎず

来場者は、あまり関係のないブースで売り込まれたり、時間をとられることを恐れます。ブース前におおぜいのスタッフが待ち構えていれば警戒され、急いで通り過ぎようとか、別の通路に行こうとさけられるかもしれません。スタッフ人数は多すぎず、少なすぎずとなるように調整してください。

展示会はトップセールスの場と心得て、社長はなるべく臨場するようにしましょう。中小企業ではもっとも優秀なセールスパーソンは社長でしょうし、来場者のほうも出展社のトップと会って話をすることで満足感を得られ、商談も早く進むはずです。

また、初日の朝には両隣のブースには笑顔で挨拶をしておきましょう。会期中、のぼりや立て看板の置き方でトラブルになってしまうこともあります。最初に挨拶と世間話のひとつもしておけば、そんなときも大ごとにならずにすむというものです。もしかしたら代理店や取引先になる可能性すらあるのですから。

### ▶ ユニフォームを着るかスーツか

おそろいのユニフォームを着用するのは訪問者への親切です。スーツやワイシャツ姿では来場者と見分けがつかず、誰に質問したらよいかがはっきりしません。統一感のあるスタッフたちのウェルカムな雰囲気が伝われば、（このブースと関わるか、どうか）を悩んでいる人の背中をそっと押すことにもなります。

ユニフォームは、製造業であれば社名の刺繍が入ったいつもの作業服でもよいですし、ポロシャツのような簡易なものでもじゅうぶんです。ある

いは、私服の上からはっぴを羽織るのでもよいでしょう。

　失敗の例ですが、支援先の展示ブースで、応援に来てくれた提携会社の2人だけがユニフォームを着ておらず、質問をする訪問者が明らかに戸惑っている様子でした。
　ただし、前項で述べたように1小間に4人以上、2小間に6、7人以上もユニフォーム姿の人がいたら、圧倒された来場者は売り込みを恐れて近づいてきません。
　以前、私の「ウリを見つける」セミナーに参加してくださったユニフォーム会社の社長さんは経営理念を「同じユニフォームに袖を通すことで一体感とモチベーションを高め、よりよい仕事をしてもらうため」と語っていました。ユニフォームを着用することで、チームとしての一体感も高まれば理想的です。

### 常備用品リスト

| | |
|---|---|
| 道具類 | 名刺、名刺受け、もの入れ、備品棚、パソコン、プリンタ、電源ケーブル、ポケットWi-Fi、マイク・スピーカー、通訳アプリ、日報、出展社タグ、搬入車両証、救急箱、ハンガーラック、ユニフォーム（ジャンパー、トレーナー、ポロシャツ、Tシャツなど） |
| 文房具 | ペン、マジック、ガムテープ、セロハンテープ、アンケート用バインダ、クリップ、カッター、ハサミ、付せん、ティッシュ、ゴミ入れ、掃除用具、ドライバー、延長コード、テーブルタップ<br>※バッグ、ストッカーケースなどにひとまとめにしておく<br>※近所のコンビニ店舗を把握しておく |

時間を決めてアポを入れておく

### ▶ 事前に当日アポイントメントを入れる

　前述のように、もっとも効率よく成約に結びつくのは、すでに営業をかけている既存の見込み客です。そこで、**商談があと一歩のところまで盛り上がっている営業先にアポを入れておきます。**

　展示会はミーティングではないので、取引先をお誘いするときには「お時間のあるときにどうぞ」という口約束になりがちです。しかし、「3日間の会期のいつか」だけですと、忙しさに紛れて来場を忘れてしまうものです。しっかり時間を決めて予定に入れてもらうようにしましょう。

　「社長がぜひご挨拶をしたいと申しているのですが、私どもが不在のときにご来場いただいてはムダにもなりますので」などと理由をつけて時刻を決めてください。展示ブースで開催するプレゼンやセミナーのように時間の決まっている具体的な目的を口実にするのもよいでしょう。実際に、社長にトップセールスをしてもらうこともできますし、デモ機や実演による説得力のある商談ができるはずです。

　ふだん、面談の約束がとりづらい相手でも、展示会自体も目的とできるのでアポイントメントを受ける気になりやすいこともあります。また、初日は各企業のトップや役員が出展社への挨拶や顔出しで来場することが多く、ある意味では最も重要な日。業界人として知っておくべきトレンドや情報収集も同時にできますよ、という誘い文句も使えます。

　**アポイントメントを入れたお客さまが訪問するスケジュールは一覧表にしておき、スタッフで共有。失礼のないようにお迎えします。**

　こうした成約額を展示会の実績に繰り込むこともできますし、展示ブースへの訪問者数も増やすことができます。とうぜんのことながら、人でにぎわうブースは別の訪問者を呼ぶことにつながります。

## ③ ミニセミナー開催で来場の理由をつくる

### ▶ 価値の提供で訪問者を増やす

　昨今、セミナー開催がとても増えており、さまざまなノウハウを吸収できる集いとして価値を見出されています。その価値を、展示会の訪問者に提供することで集客するのがミニセミナーの開催というフックです。

　ブース内でミニセミナーを開くのは、さすがに1小間ではむずかしいですが、私は2小間ブースでは開催した経験があります。そのときは10脚ていどのパイプ椅子しか置けませんでしたが、1日各3回が連日満席になりました。さらにブース脇や通路には立ち見客が居並び、このセミナー効果もあって出展は大成功でした。

　このときは照明デザイナーにLED照明の活用法とその可能性について語ってもらいました。展示内容に関連したテーマで面白く語れる人材が社内にいればその人を、いなければ外部の専門家に依頼します。

　案内状を郵送する際も、セミナーの開催を大々的に告知します。そのときに「これは聞く価値がありそうだ」と思ってもらえる肩書きがあるとなおよいでしょう。

ブース内でのセミナー風景

## ▶ 開催しつづけることで評判に

　ブースでのセミナー開催を前提とすると、レイアウトに制約ができてしまいます。それをさけるためには、会議室やホテルなど別の会場を展示会場の近くに借りることもできます。私の支援先では、展示会場の近くに大きな会場を借り、毎回、有力なゲストスピーカーを招聘して大々的に開催することで業界内の評判となっている事例があります。

　**単純に商材を見せられるのでは展示会に出かける気にはならないという見込み客も、役に立つセミナーやイベントをネタに促せば、心を動かしてくれるかもしれません**。相手先の社内でも、「役立つノウハウが聞けるなら」として上司の許可が出やすくなります。

　展示会の主催社大手であるリードエグジビション社には、「お客様（出展社）を呼ぶには、お客様のお客様（来場者）を呼べばいい」という考え方があり、来場者にとって魅力的な講演やセミナーを開催することもその有効な手立てのひとつであるとしています。

商品以外の情報も得られることを展示会の魅力にしましょう

# ④ 来場者へのムリな声かけはしない

## ▶ 積極的な声かけがリストをダメにする

　通りかかった人に声かけをして、説明もそこそこに全員から名刺をもらおうとする。誰もが欲しがるノベルティグッズと交換に名刺をもらう。そうやって集めた名刺の純度が高いはずがありません。

　**無差別に声をかけて誘引するのは時間のムダ**であり、展示会が役に立たないと断じられてしまう原因になります。

　業種の絞り込まれた展示会であっても、ぜったいに見込み客にならない来場者はたくさん歩いています。たとえば情報収集に来たコンサルタント、ずばり競合他社の人、就活中の学生、逆に売り込み先を探している人、など。

　私も声をかけられて断れず、つい説明を聞いてしまうことがありますが、お互いに時間のムダになってしまいます。そうやって見込みのない人を大量に含む名刺をリストにして営業スタッフに渡せば、そのうすさに激怒されることもあるでしょう。

## ▶ 反響営業を展示会でも実践すればよい

　誰かれなく女性コンパニオンが声かけをする。それはB2Cの展示会や大手企業が出展しているブースならよいでしょう。万人がユーザーとなるB2C商品であれば、ノベルティで歓心を買うやり方もありえます。それによって拡散効果が出ればよいわけです。

　しかし、ニッチな商材であればあるほど、無差別な声かけは控えるべきです。数は少ないけれど本当に興味を持った潜在ユーザーへの説明にこそ、たっぷりと時間を割くべきだからです。

　「声をかけたからつながれた」という考えもありますが、**ブース自身が**

メッセージを発していないから声かけしなければならなかったのです。

　基本的には、向こうから質問されるのを待ってください。そして、声をかけるのは興味を示しながらも躊躇している来場者のみにします。それが成立するためには、明解にウリが伝わるキャッチコピーをしっかりとブースに掲示しなければなりません。つまり、「反響営業」を展示会でも実践すればよいのです。

### ▶ 声をかければ来場者は急いで立ち去る

　一般的に、入りやすいお店と入りにくいお店について考えたことはあるでしょうか。

　ショッピングモールなどに出店しているいまどきのショップでは、入ってきたお客様に「いらっしゃいませ！」と声をかけて近づき、「今日は何をお探しですか？」と聞きます。カリスマ店員がタメ口で話しかけてくる店すらあります。

　ところが、この声かけが大いに不評なのです。あるショッピングモールでは、入口で「声かけ不要です」とサインの入った簡易バッグを配布したところ評判になり、マネをする店舗も出ました。

　では、店舗スタッフはどうするのがいちばんよいのか。これは「来店したお客様と目を合わせずに『いらっしゃいませ』と挨拶だけして品出しや整理など作業をしている」というのが正解です。そして、お客様のほうから質問などが来るのを待つ。これならお客様は居心地がよく、購入意向が高まるのです。

　お客様が自分のペースで買い物をしたいことは明白なのですが、自分が店舗側になると、とにかく声をかけて売りつけようとしてしまう。お客様の立場になってイメージしてみれば、容易にわかることなのですけれど。

　こうした反応は展示会も同じです。

来場者は、メリットの得られないブースに時間をとられたくないため、自社に役立つブースなのかをさっさと確認し、無関係であれば足止めされる前に通り過ぎようとします。ブースに視線を向けてきた人に声かけをしたとたん、とにかく立ち去ろうとする人も少なくありません。

　こういうとき、来場者にたいして真正面から近づいていくと、なおさら警戒され、さけられてしまいます。そこで、来場者と同じようにブースに向かって立ち、横移動で近づいていって真横からのんびりと話しかけたら話が弾んだ、というケースもよく見られます。

　こうしたシーンでは、大手企業に入社したセールスパーソンが受ける営業研修のテクニックを生かすことができるのかもしれません（真正面ではなく斜めの位置に座る、徐々に間合いを詰める、相手の何気ない動作を真似る、など）。

　また、仮に私が閑散としたブースのサクラをするとしたら、入口のあたりに立って、ポスターや商品を興味深げに眺めるフリをするでしょうね。人は、人が見ているものを見ますから。

> 来場者の気持ちになりきることが大切なのは店舗と同じです

# ⑤ ブースでの応対はこれで100点

## ▶ 訪問者への応対はルール化しておく

　自社の展示ブースを何人かのスタッフで運営していきますので、訪問者への応対を均質化するためにもルールを決めておくことが必要です。

　前項で、無差別な声かけはしないと述べました。**積極的に声かけをせず、質問されるのをニコニコ待ち、（声かけしてほしいなぁ）という空気を出した人にのみ声かけをします。**

　慣れていなくても接客・応対はできますし、説明も、歯切れのよいナレーターモデルのアナウンスよりも社内の開発担当者による、つっかえながらの説明のほうがよいくらいです。

　ブース訪問者と話すニュアンスは、「売り込みますよ」ではなく、「説明しますよ」。揉み手ですり寄るのではなく、かといって上から目線でもない、ヨコから目線です。それでも話しかけられることを極度にさける来場者は、まったく商談に進む気のない情報収集が目的か、競合です（？）。いずれにしても深追いをするだけ時間のムダです。

応対ルールの例

| 立ち止まった人に声かけ |
| --- |
| (a) ニーズ確認 → 説明 → デモ → 名刺交換 → 商談テーブルへ … |
| (b) ニーズ確認 → アンケート聞き書き → 説明 → 名刺交換 → サンプル渡し … |
| **質問者への応対** |
| (a) 回答 → ニーズ確認 → 説明 → デモ → 名刺交換 … |
| (b) 回答 → 説明 → ニーズ確認 → サンプル渡し → 名刺交換 … |

## ▶ タグの色を見分けて対応する

　展示会自体の集客が低調であったり、雨の日など母数となる来場者が少ないときがあります。そのような場合にはどのように運営するかも決めておくとあわてずにすみます。

```
来場者が少ないときの対策
　（1）声かけに転じる　　　　　　　→名刺の数はとれる
　（2）いつものペース　　　　　　　→少ないが濃いリストをとれる
　（3）訪問者一人あたりに時間をかける →商談の確度を高められる
```

　声かけをすると決め、来場者をブースへ誘引することにした場合。それでもムダな声かけを極力さけるためには、来場者がクビから提げているタグを利用します。

　**受付時に来場者に渡されるタグは、多くの展示会で来場者の業種や属性によってカラー分けされています**。たとえばマーケティングは青、

来場者属性はタグで見分ける

大学・研究機関は茶、出展社は黄、のように。このカラーを見て、ターゲットであることを確認してから声かけをすることで、かなり確度を高める効果があります。

## ▶ 声かけ役と説明役を分業する

　ブースでの誘引を効率的にするために、声かけ役と説明役を分業するのもひとつの方法です。声かけと説明対応をする役割を別のスタッフに割り振ると、よい意味で無責任に声をかけて誘引をつづけてくれます。

　コンパニオンを配置した場合なども、あるていどの基礎知識はインプッ

トできますが、突っ込んだ商品説明はできませんから、笑顔で誘引したのちに社内スタッフに引き継ぐという流れになります。

声かけ役は、ブースをはなれて通路の入口や会場のメイン入口近くにまで出かけていき、展示会用につくったチラシを手渡ししながら、「○○○を□□に変える○○○社です！」と誘引してもよいわけです。

また、日程が2日目、3日目になり、さらに夕刻ともなればスタッフも疲れてきます。そうなっても（声かけを少し控えよう）とは考えず、精力的に誘引をつづけてくれます。

### ▶ スタッフに気持ちよく動いてもらうには

声かけが前提となってくると、一般的なレベルのブースと競合することになります。そうなると、スタッフのモチベーションによって出展効果は大きくも小さくもなります。

そもそも自社商品の機能や仕様を深く知っている部署の人ほど、誰かれなく声をかけることが苦手という人が多いのではないでしょうか。

こうしたスタッフの役割分担は適材適所が基本ですが、昨今の平等意識によって機会が均等に与えられるべきと考える経営者もいます。

しかし、人見知りしない人、説明の上手い人、感じのよい人など、各人の長所を生かし、ストレスを感じないような人員配置を心がけることは大切です。

また、具体的なインセンティブなどを用意するのも効果があります。ただ、あまりにも魅力的なインセンティブを用意すると行き過ぎた対応を生み、クレームの元になったりもしますので注意が必要です。

**もっともよいインセンティブは、社長からの承認の声かけ**（「がんばってくれているね」「おかげで今回はとくによい成果が出そうだよ」など）や「名誉」ではないかと思います。

## ▶ コンパニオンはどう活用する？

　とくに発注する必要はないと書いてきましたが、それでも発注した場合、または社内の女性に応援を依頼した場合にはどのような役目を割り振るかを決めてください。

　コンパニオンはプロですので基本的な来場者応対は慣れていて上手いはずです。見習うべき点は、社内のノウハウとするべくぜひ修得してほしいと思います。

　一方で、場合によっては訪問者をブロックする役割になることもあります。「ブロックする」とはおだやかではありませんが、社長やブースの責任者など、本気客の相手をするべき人が、見込みのない訪問者に長く時間を割いていては非効率になります。ターゲットではない訪問者を引き継いだり、カタログを渡してあしらうなどの役割の人が必要なのです。

> **コンパニオンの役割例**
> - ブースに興味のありそうな人を迎え入れる役割
> - 声かけをする場合は声をかける役割
> - 見込みのない来場者をブロックする役割
> - サンプル、ノベルティを配って名刺を集める役割
> - その他

**刺さるセールストークを磨いて共有する**

### ▶ スクリプトをつくって演じる

　スクリプトとは、台本のこと。セールストークの内容とタイミングがスタッフごとでことなっていては、担当者しだいで結果がバラバラになってしまいます。この台本にしたがって、いわば演じるように発声していくことで結果が安定します。この中身は、第2章でつきとめたウリが中心となります。

　そして、訪問者を受け入れて説明する理想的な流れを決めておきます。1〜2分でも立ち寄ってもらって試供品を渡すのがよいか、10分間みっちり説明するのがよいか、など。

　IT関連の展示会で私が訪れたSEO業者さんのブースは、いくつものテーブルセットが並べられており、PCモニターを見ながらじっくりと説明を受けることができました。質問にも答えてもらい、20分ほど滞在。担当者は若いけれどとても優秀で、ちょっとしたセミナーのようでした。

　スクリプトは、**展示会ごとの属性資料を参考にして来場者の業種傾向やニーズ、用途を想定し、それぞれにハマる内容を考えておきたい**ものです。ターゲット別に何種類かのセールストークを用意して使い分けること

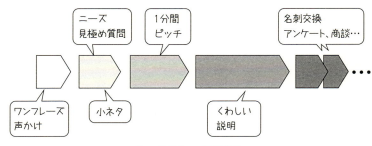

セールストーク設計例

で、より刺さる商談を余裕で進めることができます。そのターゲット設定は、自社にとって理想的な顧客、自社商品がもっとも効果を発揮する業種を優先したものにします。

また、いずれの段階でも、質問が高度になってきて自分では答えられない、となってきたら、直ちにエスカレーション（上席の人にバトンタッチすること）します。

## ▶ 戦端をひらくワンフレーズ声かけ

出展しなれていないブースの第一声は「こんにちは」「いらっしゃいませ」という声かけになりがちです。しかし、それでは会釈が返ってくるのがせいぜいで、話が前に進みません。

歩みをゆるめた人を見つけたら、**最初から本質を語りかけることで商談の戦端をひらく覚悟が必要**です。そのときのワンフレーズは標準化して同じものを使い、その反応を反省会などで共有して、少しずつブラッシュアップしていきます。

反対側のブースに見とれて通り過ぎようとする来場者などが目についたときなどに、このような声かけをしますと、関連性があると感じた人は振り向いたり、ブースを注視したりしてくれるでしょう。

メリットを伝えるトークに反応した人を誘引するのは意味があります。それ以外では、来場者と目を合わせずに、独り言のように発声するとよいでしょう。

```
ワンフレーズ声かけ例
「△△が〇〇できるA社です！」
「〇〇な□□をつくっているB社です！」
「●●業向けの〇〇をつくっています！」
「△△を体験してみませんか」「試してみませんか」
```

## ▶「ニーズ見きわめ」質問でふるいにかける

次に、立ち止まってこちらのブースを見つめてくれている来場者がいたら、**会話に引き込む質問をしてターゲットかどうかを確認**します。ブースに掲示されたキャッチコピーや展示品を見て立ち止まっているのですから、自信をもって話しかけることができます。

それらの質問に肯定的な反応（「そうですね」「まぁ、ありますね」）があったら、つづけて有名企業での導入事例や、受賞歴、メディア紹介実績など、キャッチーな小ネタを振ってみるのも効果的です。

興味があっても、とりあえずは売り込みを警戒して「情報収集です」という人もいます。こちらの商品で実現できるメリットや成果を伝えるうちに、「ホントですか？」「それはすごいですね」と乗ってくればしめたものです。

---

**ニーズ見きわめ質問例**
「△△でお困りのことがあったりしますか？」
「〇〇な□□にご興味ございますか？」
「●●業の会社さんですか？」

**反応のよい小ネタ**
「〇〇分野トップの□□社様に導入いただきまして…」
「WBSの[トレたま]に取り上げられました」
「△△工場さんでは歩留まりが30％改善しまして…」
「2018年度のグッドデザイン賞をいただきました」

---

## ▶ 1分間ピッチで全体を理解してもらう

ここまでのフックを、足を止めて聞いてくれたり相づちを打ってくれたりしていたら、今度は**概要をしっかりと伝えるミニプレゼン**として1分間

ピッチを投げてみます。

　これは、起業家がエレベータに乗り合わせたベンチャー投資家に話をして、エレベータを降りてしまうまでに「出資を検討してもよい」と思わせる30秒ていどのプレゼントーク「エレベータピッチ」と同じです。話すスピードにもよりますが、原稿にすると300〜500字ていどになる長さを目安にします。

　実機を見せたり、操作しながら、またはタブレットなどで動画を見せたほうが理解してもらいやすければ、「いま、○○を使ってご説明していますので、いかがでしょう？どうぞ、こちらへ」と誘引してくわしい説明へ移行します。あるいは、専門の説明担当に引き継ぎます。

> **1分間ピッチ例**
> 「もともと弊社は○○○をつくっている会社なのですが、その○○技術を□□□に応用しまして、○○○を□□□にしたり、○○○させることのできる□□□を開発しました。
> すでに10社以上の会社様にご採用いただいておりまして、御社の業界では○○社様などですね。
> この商品がその○○○です。このボタンを押しますと□□□になります。これが世界で初めて○○○を可能にした特許技術なのです。○○○工場で導入しますと、○○○効果を発揮します。○○○業ですと、△△△という課題があるのですが、その解決策として注目されておりまして、今後は…　」

## ▶ くわしい説明・商談はこう進める

　1分間ピッチのあとは、普通のセールストークまたは商談となります。これはふつうのセールステクニックを活用できる場面です。導入価格やランニングコストなどの数字も交え、**基本はこちらが話すのではなく、質問して相手に話してもらう**ようにします。

話題の中心は、「いちばんお困りのことはなんですか？」、「その原因はなんだとお考えですか？」のような内容がよいでしょう。そこで引き出せた課題を、自社商材で解決できるのであれば成約に一歩近づいたといえます。後日、解決策の提案を持って商談をおこなえば、一定の確率で成約にいたるでしょう。

## ▶ スクリプトはブラッシュアップしていく

　市場やニーズは常に動いています。同じ時期でも展示会によっては大きく反応がことなるかもしれません。「この質問にこう答えたら来社を促された」「この機能を告げたら反応が真剣になった」など、見込み客に刺さるフレーズは変化していくものです。

　当日のうちでも、「このキーワード（フレーズ）が効く」と感じたら、すぐにリーダーに報告するように徹底してください。

　スタッフ1人だけの感想だけでなく、2人、3人、翌日もまた、ということであれば、**すぐにスクリプトを修正して、「このキーワードをいれて説明してください」と修正**、ブラッシュアップしていくのです。それにより、セールストークだけでなくブースに掲示するキャッチコピーまでもが洗練されていきます。

　容易なことではありませんが、これはマーケティング戦略の基礎となる現場の情報ですので、ぜひ共有する習慣をつけていって欲しいと思います。

**効果的なアンケートはこう作成する**

### ▶ アンケートの目的を明確にする

　なんのためにアンケートをとるのか。それは出展後の営業活動をやりやすくするため、と答える会社が多いでしょう。平たく言えば、購買意向の度合いを教えてもらい、以降の営業対応をどのようにしたらお気に召すのかを教えてもらえればラクになるのです。

　また、アンケートへの協力度合い、記入の密度などを見ても、営業先として有望かどうかが推察できます。

　そうした自社なりのアンケート実施の狙いを明文化し、スタッフにも共有してもらう必要があります。

### ▶ 訊きたいのは BANT 条件

　アンケート実施の目的を具体的に整理すると、①購買意向を知ること　②連絡先を訊くこと（名刺を切らしている場合など）　③マーケティング調査　④企業認知・ブランディング　などとなります。

　そのなかでも、営業に資する情報として訊きたいことは何かと考えれば、「あなたはどれくらい買う気があるの？」です。それはBANT条件と呼ばれる4点になります。

> B…budget（予算は？）
> A…authority（決裁権は？）
> N…needs（ニーズは？）
> T…timeframe（予定は？）

これらの項目をずばり訊けば、とうぜん失礼になります。そこで、順を追ってソフトに訊いていく必要があります。

　たとえば、ニーズの度合いについては「お困りのことは何ですか」「現在の課題をお選びください」、予定については「導入時期はどれくらいをお考えですか？」（すぐにでも・3ヵ月以内・6ヵ月以内・1年以内・決まっていない）。予算については「予算はどれくらいを見込んでいますか？」（予算どり済みか・まだか・金額の選択肢）、決裁権については部門や職位を問うことになります。

　いずれも選択肢を提示して選んでもらう形式をとります。こうした項目は、アンケートをとらないとしても知りたい情報ですので、くわしい説明に際しては、ぜひ口頭で確認したいところです。

## ▶ マーケティング調査として活用する

　ニーズなどについて質問を掘り下げていけば、商品開発のヒントなどマーケティング調査に通じる回答を得ることもできます。質問としては「これから重要なキーワードはどれだと思いますか？」「展示会場で気になった商品は何ですか？」のような項目です。

　通常、マーケティング調査会社に依頼すると、数個の質問からなるシンプルなアンケートシートであってもコストと時間がかなりかかります。アンケート用紙にこだわらず、自社商品を目の前にして購買意向や改善点、**市場全体の動向などについても訊きだすことができるのが展示会**なのです。

　もちろん、他のマーケティング調査と同様、回答内容を鵜呑みにすることはできません。来場者のほうも適当に書き込むものです。それでも集計結果には真実が含まれていることも事実です。

　どんなニーズを持っていますか、どんな困りごとがありますか、のような質問に対して、まれにヒントとなる回答が得られることもありますので、必ず目をとおしてください。

## ▶ アンケートは必須ではない

「アンケートをとらなければもっと名刺が集められるのに」という声を聞くことがあります。また、「アンケートをとると接客できる人数が減ってしまう」「集計に時間がかかり、営業活動のスタートが遅れる」という意見も耳にします。実際にそんなことがあっては本末転倒です。

ですので、「展示会ではアンケートをとるものだ」、あるいは「声かけのきっかけとして実施している」と習慣的に実行している会社では、いっそやめてしまうという判断もありです。

また、社名、氏名、目的などを収集するのであれば、スタッフが聞き取りをして記入するコンタクトシートの体裁にする方法もあります。名刺があれば肩に貼付・ホチキス留めをして、聞き書きをすればよいのです。

## ▶ 具体的なアンケートの実施方法

**アンケート用紙はA4またはB5紙の片面のみ**、とします。回答率を高めるためにも、**質問項目は5～7問まで**、ほとんどを選択式として**自由回答は1～2問にとどめる**べきでしょう。選択式のみであれば、スキャナーで読み取って自動集計することもできます。

また、最近はアンケートの記入をiPadなどのタブレット上からできるようにし、来場者に記入してもらったり、こちらで記入、名刺画像やIDとひも付けをして記録、データ蓄積するという方法もあります。

さらに、アンケート調査を本格的に実施して、多数の調査項目について質問したい場合、よい方法があります。チラシなどに「アンケートに回答していただくとプレゼントを差し上げます」と書き、QRコードを記載したものを訪問者に手渡しします。

そして、後日、落ち着いたところでスマホなどからサイトにアクセスして回答してもらうのです。プレゼントは、ダウンロードしてもらいやすい小冊子のPDF版などのデジタルデータが簡便でよいでしょう。

アンケートシート例

**あいさつ文を入れる** → 

## ABC社ブース ご訪問アンケートのお願い

本日はABC社ブースをご訪問いただき誠にありがとうございます。
より皆様のご要望に添うため、アンケートにご協力いただけますと幸いです。

← **アンケート目的をはっきり書く**

ご訪問日：　　　月　　　日

| 貴社名・ご担当者お名前 | （ふりがな） |
|---|---|
| ご住所 | |
| お電話番号（代表・直通・携帯電話） | |
| メールアドレス | |

**答えやすい質問から入る** →

●ご回答は□にチェックをいただくか、（　　　　）にご記入ください。

1　あなたのお立場をお教えください

**数値化できるものは数字で書く** →
- □一般ユーザー　　　□店舗・問屋
- □製造業・商品開発担当　□その他（　　　　　　）

2　ABC製品の何にご興味を持たれましたか？　← **1問で複数のことを訊かない**

**モレ・ダブリのない選択肢にする** →
- □足アーチを支える理論　□オーダーメイドシステム　□カーボン
- □デザイン性　　　　　　□その他（　　　　　）

3　足についてお困りのことはありますか？　← **選択肢は充実させる**
- □足の痛み、疲れの解消　□身体バランス/姿勢の改善
- □スポーツの成績を高める　□外反母趾/足底筋膜炎など疾病の改善
- □その他（　　　　　　）

4　お望みの情報は得られましたか？

**自由記入は1問ていどにする** →
- □連絡・相談を希望する　□もう少し説明を聞きたい　□メールで情報が欲しい
- □連絡は望まない　　　　□その他（　　　　　）

その他ご要望がございましたら、何なりとお書きください。

[　　　　　　　　　　　　　　　　　　　　　　　　　　　]

ご協力ありがとうございました。

※ご回答いただきました内容は弊社のサービス向上の他、情報のご提供に使用させていただくことがございます。

**個人情報の取扱いを伝える**　　　　**作成後、回答者になりきって記入してみる**

## ○アンケート回答の方式

- ペンで記入していただく
- iPadなどで入力していただく
- こちらで聞き書きする
- 後日、サイトで回答していただく

## ⑧ 情報や気づきはリアルタイムで共有する

### ▶ 日報やLINEを活用して即日、共有へ

　展示ブースをチームで運営していくなかで、訪問者の質問や強い反応があったトークの内容、ミスなどは各人がメモしておきます。そして、毎日、開始時と終了時のミーティングで情報共有します。

　全員がスマートホンを所持し、LINEやFacebookのメッセージグループなどでチャットができる環境を構築できるなら相互に書き込みをします。お昼休みの空いた時間や帰路などに「こういうミスがありました」「あそこはこうしたほうがよいのでは？」「○○さん、明日はカタログの予備を持ってきてください」などの連絡板に利用するのです。

　こうしたカジュアルなやり方がなじまない会社では、スタッフに連絡事項や気づきを用紙に書かせて集め、共有するようにします。日報形式にしていく場合は、A4紙1枚ていどのフォーマットをつくり、スタッフから受けた報告内容を現場の責任者が集計して作成。

　1日あたりの目標数に対してどれほどの達成率となったかを明らかにし、翌朝のスタッフミーティングで確認します。**目標達成ができていない場合は、何を修正し、どう注力していくべきかという指針を示すことで改善につなげていく**ようにします。

　また、気づきの中には、他社ブースを見ていて参考になったところや、うまいと思ったキャッチコピーなども含まれます。これらのアイデア、反省点を運営マニュアルに加筆・変更し、ブラッシュアップすることで自社固有のノウハウが育っていくのです。。

　コツは、些細なことでも気づいたら書き込むこと。全員が適宜、チェックをして、「見ていませんでした」ということのないようにします。

**出展の前後でプレスリリースを発信する**

## ▶ メディアに紹介してもらい訪問者を増やす

　あるていどの規模と認知度のある展示会には、必ず大手新聞とテレビ局の取材クルーが来ます。事前に取材ブースを決めてから来ることも多いので、その端緒をつかむ目的でプレスリリースを出してください。

　最近はプレスリリースの効果が広く認知されてきたため、多くの会社がプレスリリースを配信しています。そのため、競争率が高まり、なかなか紹介、掲載されづらくなっています。しかし、紹介されれば、他のメディアに波及することはもちろん、認知度を高める効果がありますので、取りあげられるようなプレスリリースを作成したいものです。

　また、当日の展示会場で取材クルーに発見してもらい、とりあげてもらえればラッキーです。メディアの取材は展示会の初日、または会期の前日に入ります。その内容が新聞記事、テレビ番組で報道されたのを見て来場する層もあります。こちらからの案内状などのアプローチなしに目的のブースとしてもらうのに、いちばん有効な方法のひとつといえるでしょう。

## ▶ 展示会で取材を受けるプレリリースとは

　基本的には、通常のプレスリリースと作成方法は同じです。はじめて発表する新商品があることを中心に、革新性や物語性が伝わると取材される確率が高まります。

　メディアの人たちは、「この情報を伝えたらウチの読者（視聴者）は喜ぶか」という観点で情報を取捨しています。ニュース性だけでなく、「こ

れを伝えなくては困る人（会社）が出る」という切実な情報に加工して発信できれば理想的です。

　プレスリリースはA4で1枚ていどにまとめます。インターネットのプレスリリース配信サイトに掲載された場合、とくに自社ウェブや展示会のランディングページへの訪問者を増やすことにつながります。また、主催社側の展示会ウェブサイトにも連動した情報をきちんと上げておく必要があります。

　効果測定の一環として、展示会の前と会期中、そして会期後で、自社サイトやランディングページへの訪問者数の増減をチェックしてください。このデータは、展示会自体を選択する際に参考となる指標のひとつとなります。

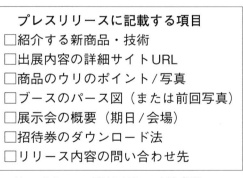

プレスリリースに記載する項目
☐紹介する新商品・技術
☐出展内容の詳細サイトURL
☐商品のウリのポイント/写真
☐ブースのパース図（または前回写真）
☐展示会の概要（期日/会場）
☐招待券のダウンロード法
☐リリース内容の問い合わせ先

＊プレスリリースの例はP.182ページを参照。

## 来場者コンタクトシート例

```
            コンタクト・シート

展示会名

┌─────────────────┬──────┬─────────┐
│                 │ 日付 │         │
│      名刺       ├──────┼─────────┤
│  ※ホチキスどめなど │ 対応者 │         │
│                 ├──────┼─────────┤
│                 │ 見込み│ S・A・B・C │
├────────┬────────┴──────┴─────────┤
│  氏 名  │                         │
├────────┼─────────────────────────┤
│ 会社名  │                         │
├────────┼─────────────────────────┤
│  分 類  │                         │
├────────┼─────────────────────────┤
│  立 場  │                         │
├────────┼─────────────────────────┤
│ 来場目的│                         │
├────────┼─────────────────────────┤
│ 連絡先  │                         │
├────────┼─────────────────────────┤
│         │                         │
│ 自由記入│                         │
│         │                         │
├────────┼─────────────────────────┤
│責任者から│                         │
└────────┴─────────────────────────┘
```

（自由記入欄について）商談内容、気づいた点、反応などを記入

# 第5章

## 案件のタマゴを商談に育てる方法
## 商談編

訪問者の意向と、自社の営業体制とを照らし合わせ、受注へとムリなく移行していく勝ちパターンをつくり上げることが重要です。

来場者のほうから見つけてくれる！

# ① 訪問者をS・A・B・Cランクに分ける

## ▶ 名刺は2段階の分類が必要になる

　獲得した名刺は仕分けルールに応じてリスト化します。その基準は明文化され、スタッフに共有されている必要があります。

　仕分けルールは2段階になります。1段階目としては、＜業務・商流別＞で分けます。例としては、一般ユーザー（エンドユーザー）、既存取引先、新規見込み客、中間業者（商社、代理店、問屋、小売店）、その他（競合、大学、研究機関など）です。

　さらに2段階目として、これらのうちの一般ユーザー（エンドユーザー）と新規見込み客のみを対象に、＜見込み度別＞で分けます。

　＜見込み度別＞では、S・A・B・C、またはA・B・Cなどにランク分類します。これらは商談成立のスピード感や確度で分け、相対評価ではなく絶対評価とします。本書で述べている出展の仕方をすれば、S・Aランクの見込み客が占める割合はいままでの2～3倍になるはずです。「Sランクは3%」と決めてかかっていては案件を逃してしまうことになります。

　結果的に、SとAの合計が2ヵ月ていどで対応できる会社数になると現実的です。営業エリア外はD（ドロップ）とするのも、効率的な営業を考慮すればやむをえません。

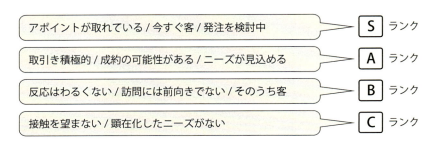

|  |  |
|---|---|
| アポイントが取れている / 今すぐ客 / 発注を検討中 | S ランク |
| 取引き積極的 / 成約の可能性がある / ニーズが見込める | A ランク |
| 反応はわるくない / 訪問には前向きでない / そのうち客 | B ランク |
| 接触を望まない / 顕在化したニーズがない | C ランク |

## ▶ 名刺を仕分けするタイミングはいつ？

　展示会のブースではたくさんの名刺を交換します。訪問者の反応を忘れないうちに、その場で分類や評価をして仕分けをしたり、鉛筆で記入していかなければなりません。しかし、訪問者の応対がつづけばそちらを優先せざるをえず、ついつい名刺が溜まってしまうことになりがちです。

　名刺に直接、ランクを書き込むことがむずかしい場合など（お客様の見ている近くで記入するのは失礼）、感触に応じて名刺を投入するボックスを変えるという方法があります。

　これは半透明樹脂で2列×3段ある整理引き出し、または100円ショップで売られているような名刺サイズのプラスチックケース数色分を用意し、S、A、B、C（イ、ロ、ハなどのほうが露骨でなくてよい）とマジックで書いておけば、あとは名刺を投入するだけ。スマートに名刺をランク管理することができます。その他では、会期終了後にコンタクトシートの評価とつきあわせながら仕分けるというやり方もあります。

## ▶ その場で読み込める名刺スキャナーを使う

　名刺の束は電子データ化が必要になります。主催社が提供しているバーコードリーダーをレンタルし、来場者のタグを読み取るという方法もありますが、これはデータ化して送られてくるまでに2週間ほどかかる場合があり、あまりオススメではありません。

　名刺管理サービスにはsansanやeightなどがあり、こうした会社は名刺用ミニスキャナーを貸し出しています。このスキャナーを使用しますと、展示ブースの受付台などその場で名刺をタグ情報つきで読み込むことができます。あるいは、スマホで複数の名刺を一度に読み込むことができ、即座に連絡先リストを生成できる専用アプリもあります。

　また、ネットで依頼をすると、スキャナーで名刺を読み込んでリストにしてくれるサービスを提供している会社もあります。今後もさまざまな

サービスが出てくるはずですから、「名刺　リスト化」などで検索し、使い勝手を考えて自社に適したサービスを利用するとよいでしょう。

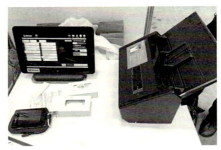

名刺をその場でスキャン

## ▶ 名刺かアンケートをもらう違いとは

　特定電子メール法により、名刺をもらっていない訪問者への宣伝メールの送りつけは規制の対象となっています。すなわち、アンケートやバーコードリーダーでメールアドレス情報を得た場合は、来場お礼メールの1回のみが許され、それ以降の配信には原則として相手の許可が必要になるのです。

　その場合は、初回のメールでオファーをして自社サイトに誘引し、そこであらためて許可をもらうというやり方もあります。たとえば、「コスト削減ノウハウ」を紹介する小冊子PDFなどをプレゼントし、そのときにメール受け取りの許可をもらうのです。

---

**■個人情報保護法が厳格化**

　2017年5月に個人情報保護法が改正となり、規制が強化されました。とくに注意が必要なのは、これまで対象外であった「5,000人分以下のリストしか保有しない中小事業者」にも規制が適用されるようになったこと。個人情報の利用目的や第三者への提供などには厳格な規制の枠が課せられますので、コンプライアンス上も慎重な運用が求められます。

## ② 顧客リストは短期・長期計画で追いかける

### ▶ 出会いは熱いうちに打て

　いよいよ、ランク分類のできたリストにたいして営業活動をおこなっていく段階です。リアルな出会いから積み上げた見込み客リストを、いかに追いかけていくかが展示会マーケティングの最終的な成否を分けます。

　商品、サービスへのニーズ度合いは、会社によってさまざまであり、同じ会社であってもタイミングによって違いがあります。**もっとも積極的に追いかけたいのはいわゆる「今すぐ客」、そして切実なお客様です**。いずれの見込み客とも、営業活動はスピードを求められます。そのため、SやAランクになった見込み客へはすみやかにアポイントを取り、フォローしていく必要があります。

　ちなみに、群馬県に本社のある支援先の会社はA・B・Cの3ランクに分けており、Aランクの要件は「群馬の本社に行きたい！　という会社」としています。

### ▶ 熱くない見込み客は"育成枠"に入れる

　一方で、B・Cランクなどなかなか成約に至らない見込み客を深追いしていては効率が上がりません。また、商品の良さを理解してくれていなければ、大幅な値引き要求も出かねません。

　相手方もしつこい売り込みは好まず、その後のお付き合いを考えれば拙速は逆効果ともなりえます。自社の営業力が高いからといって、売り込まれたくないB、C層へと人的営業をかけてしまうと迷惑がられてしまい、本来なら後日に孵化する卵を割ってしまうことにもなりかねません。まずは相手の態度や意向に従うことが得策です。

　**ニーズの高まりや必要となるタイミングとなるまでは、メールやニュー**

スレターなどでフォローをする、または教育・啓蒙していくことが効率的でしょう。

　以上のように、優先順位とチカラのかけ方を最初に決め、アプローチをしていきます。

ランク別アプローチ例

| ランク | アプローチ |
|---|---|
| S ランク ┅→ | 優先的に営業訪問をする、製品サンプルを送付する、先方でデモ、少人数セミナーに招待 |
| A ランク ┅→ | 営業訪問をする |
| B ランク ┅→ | 電話・メールでニーズ確認 / メルマガ、ニュースレターでフォロー |
| C ランク ┅→ | 積極的には動かない / メルマガ・ニュースレターなどで教育・啓蒙していく |

　S・Aランクへは1～2ヵ月以内でのスピード営業をかけるとともに、**B・CランクおよびS・Aで成約にいたらなかったリストへのフォローは育成枠に入れて、1年、2年と時間をかけて対応していくことになります。**

　こうした計画はいわば仮説ですので、定期的に各ランクの成約率を検証することが必要です。そして、ランク別の営業フォローの中身を改善していくことで、さらに結果を高めていきます。

　ここで、正しいアプローチ法を確定せずになんとなく追いかけていると、例の「展示会は役に立たない」という感想に繋がってしまうのです。

　予算のとれる中堅企業なら、SFA（営業支援）やCRM（顧客管理）システムを導入したり、一部を自動化してリード（商談の元）を育てていくこともできます。あるいは、今後はより安価なITシステムが登場し、小企業であっても自動化の恩恵を受けられるようになるでしょう。

第 5 章　案件のタマゴを商談に育てる方法　商談編

# ③ 自社の黄金の受注パターンを知っておく

## ▶ 受注には黄金のパターンがある

　販売している商品の性質や価格、顧客となる会社のサイズなどによって成約にいたる道のりは変わってきます。たとえばセミナーに参加して理解を深め、出張デモをおこなって信用を醸成してからでないと成約に至らない商品・サービスもあります。

　「工場の廃棄物を燃焼させて電力の3分の1をまかなえます」のようなビジネスなら、成功している導入事例を見学ツアーで見せるのがよいかもしれません。住宅メーカーでは新築見学会を実施しており、どうやってそこに参加させるかに積極的です。

　そうした、**会社によって異なる成約にいたる黄金のパターンをまず認識**します。顧客と接触している営業担当に聴取すれば、「実機でのデモを見たあと成約することが多い」とか、「見積りですぐに決まる」など、受注にいたる黄金のパターンや優先順位がわかるはずです。

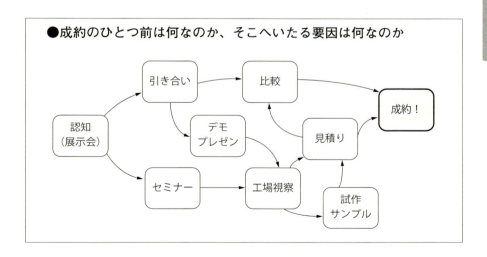

●成約のひとつ前は何なのか、そこへいたる要因は何なのか

ここから、顧客はどう考え、何をメリットととらえ、何が決め手になったのかを汲み取ることができます。さらに、意思決定に何が有効なのかを突きとめ、そこへ移行してもらうためにはどんな段取りと説得が必要かを考えてください。

　そして、成約の流れのなかでどこに展示会をあてはめるのか、展示会の役割をどう考えるのか、を見きわめるのです。これは、そもそも展示会を企画する上でも大切な要素となるのです。

### ▶ キーマンに届く情報を整備しておく

　成約にいたる意思決定を分析すると、キーマンが担当者なのか、上司なのか、経営トップなのかが会社によってことなるということがわかってきます。

　そのときに重要度を増してくるのが、営業資料とカタログです。こちらがプレゼンテーションした内容のすべてが上司などに伝わることはありえません。つまり、**一人歩きできるわかりやすい資料があるかないかが成否を分けるのです。**

　営業資料以外では、ウェブサイトやランディングページで見られる商品情報なども重要です。また、展示会場で相手に渡した名刺に入っているパスワードを入力してもらうと、よりくわしい資料や価格表、オプション情報などがダウンロードできる、という仕掛けも有効です。

##  特別なオファーで本気度を伸ばす　Aランク対策

> ▶ テレアポとオファーメールを使い分ける

　Sランクにはすぐに営業訪問をするとして、Aランクにはまずテレアポを入れてみます。

　相手先が本気で取引を検討したいと考えているのであれば、「よろしければサンプルを持ってご説明にお伺いしたいのですが」という言葉に前向きな反応を見せるでしょう。そうであれば、AからSランクへと昇格です。

　しかし、逡巡するようであれば、「では新しいご提案資料ができましたので、そちらをメールでお送りしてよろしいでしょうか」と敷居を下げれば、すんなりと受け入れてくれるはずです。

　次の段階としては、そのメールに限定的なオファーを添えておくことで一定割合の反応が見込めます。

　**オファーとしては、一般的には特別価格での購入、特典・オプションをサービス、モニター・サンプル提供、個別相談や診断と見積もりが無料、のような例があります。**

　診断や個別相談のように、見込み客の会社を訪問してのサービスとなると、お客様にとってのメリットでありながら、同時にお付き合いのきっかけができます。

　また、無料でサービスしてもらったことは記憶に残りますので、いつの日か返報性の法則がはたらく余地も残ります。それにも無反応であれば、ランクを下げてBランクとして分類します。それ以降もこれらのオファーは、活用できます。

　たとえば、「以前、会場で多数のお申し込みをお受けし、たいへん好評でしたので…」特別にご提供します、などとオファーするのです。

オファー入りのメールを送って反応をとり、進展がなければメルマガやニュースレターを定期的に送って啓蒙・教育していく育成枠に入れるという段取りでもよいでしょう。

### ▶ セミナーに招待して専門家として商談する

　オファーのひとつに、自社開催セミナーへの招待があります。売り込みをして、お願い営業をしている限りは下請けであり、「買っていただいている」という状態から抜け出せません。

　もちろん、なんの根拠もなく上から目線でアプローチしても成功はしません。しかし、セミナーを通じて、見込み客の会社にとって有用な情報や最新のノウハウを教えてあげると状況は変わってきます。

　セミナーに登壇すれば、一応、先生となります。買ってくださいではなく、「こうしないと今後は厳しいでしょうね、じつはあの会社はレッドオーシャンを克服して売上を伸ばしたのです(御社はどうしますか?)」というアプローチで、相手の意思決定を促していくスタンスをとるのです。

> 顧客が望むノウハウを持つ専門家になれば商談は加速します

## ⑤ メール活用で反応率を高める　Bランク対策

### ▶ あえてお礼メールをやめてもよい

　展示会当日から1週間くらい経つ頃まで、各社からのサンキューメールが殺到してわずらわしく感じられることもあります。ですから、サンキューメールは送ってもよいし、少し経ってから具体的なオファーや情報を含んだメールを送るほうが効果的な場合もあります。

　最近はお礼だけのメールは減少しているようにも感じますし、**中身のないお礼だけのメールを送ったことで「迷惑メールボックス行き決定」と判断されてしまってはヤブヘビになるだけです。**

　そうでなくても日頃から営業メールは山のように届きますし、その反応率はかなり低いといわざるをえません。リストでいえばBランクの見込み客などにメールを送信したところで、同じようにパスされてしまっては困ります。

　Bランクは会期後に問い合わせしようかどうしようかという境目にいる人や、発注の必要性に気づいていない人たちであり、こちらに振り向いてもらう必要があります。それにはどうすればよいのでしょうか。

### ▶ 営業メールの反応率を高める裏ワザ

　アプローチメールの反応率を高め、訪問・面談へと移行していくには、コツがあります。メールを受けとる側になって考えてみればわかるのですが、一斉送信される「その他大勢メール」には私たちも反応しません。

　しかし、「我が社の事情を知ってメールしている」「ウチの事業と具体的に結びつく提案を持っていそうだ」と感じれば対応は変わります。一度は顔を合わせ、名刺交換をしている仲ですから、なんの前触れもなく営業メールを送られたケースとはことなり、反応率は格段に高まります。

そうしたメールを送るためには、相手の企業ウェブを閲覧し、プレスリリースを検索し、ニュースサイトなどでも社名で検索して、いま注力している事業をチェックする必要があります。

　そして、「新たな工場を立ち上げた」「△△の開発に成功した」「異業種と連携した」「他企業を買収した」などの情報に着目するのです。初対面の人と雑談を進めるルールにもありますが、いわば相手との共通点を真摯に探ればよいということになります。
　つまり、**自社の製品がその会社の事業とどう絡まり、どう役立つか、同業他社での実績は何があったか、**を発想するわけです。それをリスト出しし、**「必ずお役に立てる」**ことを予期させる文章を書くのです。
　たとえば、「御社の○○○事業について、相当な付加価値の向上を実現できるご提案をさせていただけると考えております」のようなメール文です。
　やや的外れでもだいじょうぶです。相手は、（ずばりではないが、いい線をついているな、情報をもらうだけでもいいかもしれない）と考えるからです。
　ここまでの作業をするのは時間がかかりますから、Bランクの30社ていどに絞り込んで実施してもよいですし、自社製品で実績が上がりやすい業種や、その年の重点分野に限ってもよいでしょう。

## メルマガで見込み客を育成する　Ｃランク対策

### ▶ 細く長い関係を構築するならメルマガが最適

　「展示会には情報収集で来ており、すぐに商品が必要というわけではない」。この段階の見込み客はＣランクに分類されています。

　いますぐ交換してコストダウンをはかるべきという消耗部品もありますが、多くの商品は導入のタイミング待ちになることがふつうでしょう。問題は、ニーズが高まって導入を真剣に検討する頃には、こちらのことを忘れてしまうという現実です。

　そこで、Ｃランクと、Ｂランクの一部を対象に"育成枠"を設定してメルマガやニュースレターを送信し、ニーズをふくらませながらタイミングを待つのです。ちなみに、ｅメールで送信するのがメルマガ、印刷して郵送、手渡しするのがニュースレターです。

　メルマガやニュースレターは、ニーズが顕在化して商品が必要になったときに想起してもらい、問い合わせてもらえるように、細く長くほどよい関係を構築するのに最適なメディアです。その**本質的な狙いは、優良顧客となってくれるように教育・啓蒙していくこと**です。

### ▶ メルマガは内容で大きな差がつく

　メルマガの内容は、商品の売り込みは控えて、読者にとって役立つ有益な情報を届けるようにします。メールを開いてもらうインセンティブになりますし、信頼感の醸成にもつながります。

　好感度をもって企業名を記憶してもらうことができれば、実需が発生したときにいちばん最初にコンタクトをとってくれる見込み客に育ってくれるはずです。

　内容としては、業界のトレンド、用語解説、課題解決法など。自社の宣

伝関連では、導入事例、お客様の声・体験談、技術解説など。開発担当者の苦労などを書いた読み物にするのもひとつの方法です。

　開封率を高めるならニュースレターにして郵送するやり方もありますが、eメールで送信するメルマガならコストを抑えることができます。むしろ現実的な問題は、誰がこうしたメルマガの書き手となるかでしょう。

　大手企業ならマーケティング部門で担当できるでしょうし、外注することもできます。この業務は、つづけていくことが何より重要ですので、文章作成を得意とする担当者を置き、ぜひ経営トップから営業部門までが協力してネタを提供するようにしてください。

---

　メルマガ/ニュースレターのチェック項目
　□配信頻度……月１回など　（多すぎると解除されやすい）
　□メルマガのタイトル…社名ではなく情報価値を感じさせる
　　　　　　　　ニーズワードを入れるとよい　【　】で囲み目立たせる
　□送信元名……担当者の個人名がよい、女性名だと開封率が上がる
　□コンテンツ例
　・商品技術の解説、商品関連の知識、役立つ情報
　・業界の動向、市場変動、海外情報
　・企業の物語、商品開発ストーリー
　・企業のウラ話　（商品開発で問題発生、大量発注で大騒ぎ、など）
　・お客様の声紹介
　・ご質問を取り上げて答える、Q&A
　・セール情報、おトク情報
　・展示会の出展予告、報告
　・新製品のニュース、お知らせ
　・社長の考え方、こだわり、企業姿勢の訴求、啓蒙
　・季節ネタ　受験、バレンタイン、GW、お盆、台風、季節の味覚、
　　積雪、他・編集後記　季節の便り、担当者の個人的なこと
　□自社サイトやランディングページ、動画などにリンクを張る
　□自社サイトやブログなどからも購読者募る

第5章　案件のタマゴを商談に育てる方法　商談編

## 展示会活用をデータで判断する効果測定

### ▶ CPLは出展を判断するための材料

　会社として展示会に取り組む以上、それがどれほど収益に貢献しているのかを明確にしておく必要があります。いわゆる効果測定です。その数値は、前年と比べて展示会が成功だったのか、失敗だったのかということも教えてくれます。

　**CPL（コスト・パー・リード）とは、名刺などの獲得コストがいくらかを算出した指標です**。たとえば獲得できた名刺が500枚で、出展コストが120万円であれば、（120万円÷500枚=2,400円）ということで、今回の名刺1枚の獲得コストは2,400円だ、とわかります。

　あるいは、Sランク、Aランクの名刺だけをカウントして出展コストを割れば、（120万円÷60枚=20,000円）となって、危機感を覚えるかもしれません。

　また、当日から3ヵ月以内に発生した商談件数を対象に考えるなら、12件だったので（120万円÷12件=100,000円）で、成約1件あたり10万円だと数値化できます。さらに、1年以内での商談発生数や売上高も数値化し、一覧表などにして比較することもできます。

```
①名刺（リード）獲得単価
    出展総経費        獲得名刺数    CPL（名刺1枚あたり経費）
  [        円] ÷ [      枚] = [         円]
```

```
②単年度損益評価
    出展総経費      当該年度売上粗利益    黒字/赤字
  [        円] － [         円] = [          ]
```

商談編

## ▶ 体感的な印象ではなく数値で検証する

　こうして各段階のコストを算出しておくことで、今回の出展が成功だったのかどうか、その展示会の性質がどのようなものか、がわかってきます。明解に数値化されているので、体感的な評価と異なり、客観的であるといえます。
　また、「あの展示会は、来場者は多いが成約率が低い」、「この展示会は、名刺獲得数は少なかったが1年で見ると売上が上がる」など、会社と展示会との相性のようなものもつかむことができます。

## ▶ 展示会選びは適正であったのか

　展示会で思うような成果が出せなかったとき、場合によっては出展する展示会そのものを変えたほうがよいこともありえます。それぞれの展示会で得られるリストの濃淡がどれくらいなのかをつかんでおくことは、とても有用です。
　たとえば、体感的に「来場者が少なかったのではないか」という意見が出たとき、本当にそうなのかを検証してみます。展示会全体の来場者数は発表されますし、前回開催や他の同等の展示会との比較ができます。

［自社が獲得した名刺（リード）÷展示会の総来場者数］

　こうして展示会の性質を自社基準で評価するのです。成約に至る確率は展示会の評価として出しますが、それ以前に自社都合での指標があってもよいのです。
　この数値を、出展した数回の展示会で比べることで、展示会の選択が正しかったかどうかがわかります。これも、次の展示会選びや目標設定をする際の基礎データとなりえます。

○自社のターゲット業種・会社の訪問者は何％？　1日の絶対数は？
○目標とする部門・職位（商品企画担当者、経営者など）の訪問者割合は？　1日の絶対数は？
○競合他社、業界大手が何社出展していたか？

　以上のように数値的な目標を掲げましたが、どんぶり勘定ではなく各段階の数値を追いかけていくことは意味があると考えます。自社にとっていちばんしっくり来る数字を選び、それを指標として、追いかけていってください。次年度以降、展示会を選ぶときにも絶対的なデータとなって、おおいに参考になります。

### 来場お礼メール文例

［件名］
【ABC社・ご来場のお礼】

［本文］
平素はABC社をご愛顧いただき、誠にありがとうございます。
また、先日はご多用中のところ、健康EXPO2018のABC社ブースにお立ち寄りいただき、心より感謝申し上げます。

弊社ブースにてご案内させていただきました新商品ABCはいかがでしたでしょうか。

先進のIoT技術を活用し、多くの消費者様のニーズにお応えできる可能性をもった商品であると自負しております。

よりくわしいご紹介や導入事例などの最新情報を下記ページに掲載しておりますので、お時間のあるときにご覧いただければ幸いです。
http://www.abc.com/tenjikaiurl

今後とも、御社にとりましてご参考となる情報お届けできますよう、努力して参りますので、何卒よろしくお願いいたします。

弊社がお役に立てることがございましたらお気軽にご連絡ください。貴社の益々のご発展を祈念申し上げ、お礼のごあいさつとさせていただきます。
・・・・・・・・・・・・・・・・・・・・・・・・・・・・・・・・
株式会社ABC
代表取締役 鈴木一郎
TEL：03-3333-1111
東京都中央区日本橋1-1-1
mail：info@abc.com
本メールは弊社展示ブースにて名刺交換いただいた方にお送りしております。
今後、配信をご希望されない場合は、下記URLより配信停止ができます。
＊配信停止ページ http://www.abc.com/mailstopurl

# 第6章

## 展示会をより強力な武器とするために
## 発展編

出展ごとの反省を次回へと引き継いでいくことで、さらに出展の効果は高まっていきます。
海外の販路開拓でも、やはり展示会が有効です。

理想のお相手と商談成立！

## ① よい運営とゴール達成ができたか反省会をもつ

### ▶ 反省会から自社だけのノウハウが育つ

　展示会の運営は出展するたびに洗練されていくものですが、その一方で毎回のように思わぬ失敗を犯すものです。そうした失敗を一つひとつつぶしていかなければなりません。

　**展示会の活用に成功している会社の共通点は、反省会をつづけているところです。**あなたの会社でも、ぜひ最終日の閉会後、または翌日の午前中に、参加したスタッフを集めて反省会を持ってください。反省会では順番に、よかったところ、改善すべきところを自由に発表します。これにより、自分とはまったく異なる視点や発想に触れることができ、たいへん有意義です。

　そして、よかったことは次回以降も取り入れ、わるかったことは二度と起きないようにするため、どうすればよいかを話し合い、記録に残すのです。それは経営者への報告書ともなりますし、また次回の展示会をよりよくするための自社だけのノウハウとしてマニュアルやスクリプトに反映すべき内容でもあります。

　たしかな反応を得られる自信がついてきたら、1小間ブースを2小間にしたり、年1回の出展を2回に増やしたりして、より成果を上げられる活用法に挑戦してください。

### ▶ 何万回でも来場者の反応から学ぶ

　私は、自分で企画した展示ブースは必ず初日の午前中に確認に行きます。装飾におかしなところはないか、周囲のブースの掲示物の影になっているなど修正すべき点はないか。改善できるところがあれば、その場です

ぐに対応します。

　そして、展示ブースの効果を検証するとき、いちばん注目するのは人の視線と動きです。どれくらいの来場者がどちらの通路からやって来て、まずどこを見るのか、歩みをゆるめるのか、そのまま立ち去るのか、その来場者のタグは何色だったか—。さらに、ブース訪問者はどのタペストリーをよく見ていたか、どんなセールストークに反応したか、などです。

　ついでに周囲の他社ブースを回り、新たな傾向の造作がないかを見学します。ブースだけでなく、カタログや販促ツール、什器なども参考にします。自分で企画したブースを客観的に評価することはむずかしいのですが、他社との比較の中で、見えてくることもあるのです。

　とくに同業者は、どんなことをメッセージやキャッチコピーで訴求しているかを必ず見ます。もしよい表現があれば、マネることはできませんが、それ以上のキャッチコピーを書くように努力するのです。

素直に反省できる会社こそ大きな成果を得ることができます

## ② ウェブを展示会後の受け皿として整備する

### ▶ ウェブと展示会をミックスしてこそ効果的

「ウェブサイトを充実させるのは低コストでできるが、展示会や人的営業はコストがかかる」と考えている会社も多いでしょう。しかし第1章で述べた通り、その両者のよいところをミックスしましょうというのが、本書の主張です。

ウェブで告知して展示会に招き、その展示会後の受け皿をウェブに任せるという補完関係の流れをつくる。リアルでの交渉と、ウェブでの情報提供を組み合わせてこそ、双方の効果が高まります。

どの会社に聞いても、**展示会の会期中とその後は一時的に自社ウェブサイトへのアクセス数が伸びるといいます**。つまり、展示会で接触したのち、どのような会社なのか、信頼に値する会社なのかどうかを訪問者が検索してチェックしているのです。ウェブサイトまで見てくれるというのは、もう有力な見込み客です。

そのとき、ずいぶん前に制作した、内容のうすっぺらなウェブページしかないのは困りものです。「たいした会社ではないな」と判断されれば、商談のチャンスが流れてしまうかもしれません。出展内容を発展させた技術情報や顧客の声、動画などを掲載したページを用意しておくべきなのです。

### ▶ ウェブの受け皿は多様なほうがよい

YouTubeが検索に強いことから動画活用に取り組んでいる会社も多いことと思います。しかし、多数の動画を撮影するのがむずかしいという担当者は少なくありません。

そこで、**にぎわう展示ブースの模様をスマホなどで1〜2分ていど撮影し、報告かたがたFacebookページや企業ウェブに掲載すれば、それだけでよいネタになります。**

　その他、Facebookページやブログ、ツイッター、技術情報サイトなどに、展示会の報告を投稿するだけでなく、イチ押しの商品にまつわる情報を掲載してください。

　担当者といえども一人の人間であり、アクセスしやすいウェブサービスは決まっていることも少なくありません。親和性の高い窓口を連携させ、網羅しておくことで、見込み客をゆるやかに囲い込み、商品情報が欲しいと思ったときに思い出してもらえるようにしておくのです。

ウェブサイトを充実させることで展示会との相乗効果が高まります

# ③ 同じ展示会への出展は3回までにしておく

## ▶ 展示会の反応率は毎年20％ずつ落ちていく

　ある支援先企業でのこと。私が展示会出展を指導させていただくようになった年にはブースは大にぎわいで、1日200枚超の名刺が集まったのに、4年たってみると同じ展示会なのに1日100枚前後の名刺しか集まらなくなっていました。

　しかし、商品の機能性は進化していますし、ブースのにぎわいもさほど変わっていません。そこで注意をして見ていると、訪問者には既存客や知り合いの表敬訪問が多いことに気がつきました。業界での存在感が増したことはありがたいのですが、実利を考えるのなら別の展示会を検討する段階に来ていると思いました。

　**ひとつの展示会の来場者はどうしても似通っており、何年も連続して出展しているとだんだん反応が薄れていくのを体感することになります。**数値でいうと、前年比20％から30％ていどずつ下降していきます。

## ▶ さまざまな展示会を経験してこそ知見になる

　なかには、同じ会社と展示会で2回、3回と接触し、ようやく商談がはじまったというケースもあります。しかし、展示会全体の計画として費用対効果が落ちていくことは否定できません。

　「出展しないと経営不振だと思われる」「おつきあいなので仕方なく」などの理由で、効果の見込めない展示会に出つづけるような見栄を張る必要は中小企業にはないと思います。予算に余裕があるのなら結構ですが、業界定番とされる展示会であっても3〜4年で出展を一旦とりやめ、別の展示会で新鮮な来場者と接点を持つのもよいことです。

　いろいろな展示会を経験し、来場者の質が適している展示会を模索して

いくこともできますし、出展に対するノウハウを蓄積することにもつながります。定番の展示会には、数年後に復帰すればよいのです。

各展示会の反応については、目標を数値化して比較するなかで落ち込みがあれば明確に把握できます。逆に、3年連続で同じ展示会に出展しても数値が落ち込まないのであれば出展先を変える必要はありません。

## ▶ 展示会を変えれば旧製品も新たな価値を持つ

出展時の悩みのひとつに「いまは目玉となる新商品がない」ということがあります。この課題は、ターゲットを変えることで解消することができます。つまり、**いままでとはことなるターゲットが来場する展示会に出展すれば、"新しい価値"を提案できるのです。**

逆に、旧商品のまま同じ展示会でブースデザインなどの目先を変えて新味を出そうとした場合、（前年にも見たな）と思い出せば来場者は足早に立ち去るでしょう。

新規性を出したいのなら、メッセージを変えればよいのです。つまり、いちばんに打ち出すメッセージが変わり、ベネフィットや課題解決が変われば、いままで素通りしてきた別の人たちが立ち寄ってくれるのです。

もちろん、そのベネフィットに魅力を感じるターゲットのボリュームが小さければ反応率は高まりません。その差異に気づくことは、なによりあなたのマーケティング脳を育てることになります。

さらにいうと、展示会そのものにも成長期と衰退期があります。テーマやキーワードが時代に合わなくなってくればお役御免となります。現在でも、ロボットやセンサー関連は活況。逆に自動車産業はEVや自動運転などで注目ですが、モーターショーの出展社、来場者とも減少傾向です。

毎年のように新しい展示会がスタートし、いくつかの展示会がひっそりと幕を閉じる。来場者が減少していく展示会に出展しつづけてもじり貧です。それは自社の事業の方向性を見直す参考にもなるのかもしれません。

## ④ 共同出展・キャラバン運営という選択もある

### ▶ コストも存在感もお得な共同出展

　埼玉県の中小企業団体中央会さんに呼ばれて展示会のセミナーをしたことがありました。

　そのセミナーの受講者さんは、埼玉県下のメッキ工場ばかりが集まった業界団体さんで、数ヵ月後の公共主催の展示会に共同出展する予定を控えていました。そのときに成果の上がるブースをつくるために講師を呼んで勉強しよう、ということになったのです。

　展示会に出展したのは20数社ほどで、1社あたりのスペースは1小間分もありません。ところが、同業者が20社以上も集まってブース展開したところを見て、そのボリューム感に圧倒されました。

　企画によっては、各社の打ち出すテーマを事前に打ち合わせして補完的なものとし、共同ブース全体でメッキ技術のすべてをプレゼンテーションする、ということもできます。また、各社のブースを連結させることにより、ひとつのストーリーを語っていくような表現にもできるでしょう。

存在感のある共同出展

これは業界団体の共同出展例ですが、最近は市区町村などの自治体レベルでもよく見られるようになりました。また各地の商工会・商工会議所、あるいは中小機構や東京都中小企業振興公社が有志の企業を束ねて共同出展しているところもよく見かけます。

　**共同出展という手法を用いれば、限られた予算の中で存在感のあるブース展開をすることもできますし、一緒に出展した企業間の絆を強くするようなイベントとすることも可能です。**

## ▶ 展示会キャラバンで全国を回って歓迎される

　一方で、大手商社や大手メーカーなどが自社グループと関連会社、協力会社を糾合したプライベート展では、国内を移動しながら数ヵ所から10数ヵ所で順次、開催していくケースがあります。

　東京まで出張する時間がない、経費がもったいないという見込み客にも来場してもらえるよう、主要都市を回っていくのです。

　開催地ごとに地場企業を集めながら、出展社も来場者もローカル色を出しながら集散していき、企業グループのパワーを感じさせるプロジェクトとなります。

　あるいは、中小企業でも自社だけで国内を移動しながらプライベート展示会を開催していくキャラバン的な手法もあります。各地のこぢんまりしたイベント会場などを借りて開催していくのです。

　商材が小さいものならキャンピングカーや大型トラック1台を"展示会場"にして、移動しながら知り合いの会社の駐車場などを借りつつ、展示会を開催していくやり方も可能でしょう。

　とくに自社が地方に本社を置いている場合は、「こちらからご訪問します」ということで、とても各地で歓迎されるそうです。

## ⑤ 世界へ売りたいなら海外展示会に出展する

### ▶ 海外なら無名でもよさを認めてもらえる

　国内市場の成長が見込めないなか、活路を海外に見出したいと考える会社が増えています。海外に生産拠点などを移転させることは大きなリスクになりますから、カンタンにはオススメできませんが、海外に販路を求めることはチャレンジする価値のあることだと思います。

　たとえば、岩手の南部鉄器は日本国内でよりも欧州で大人気です。とはいえ、ユーロ全域で売れているわけではありません。失礼な言い方ですが、おそらくフランス、イタリアには、その製品を大好きな人たちが一部にいる、というていどだと思います。

　しかし、それでよいのです。欧州市場は巨大であり、富裕層もいます。母集団である市場規模が、ユーロ圏では3億3千万人。中国では13～4億人。「少しのブームが、一部の人に起こっているだけ」でも、年商にして2～3億円に値することも珍しくないのです。

　地方企業こそ、国内展開よりも海外へ出て行くほうが早いという意見もあります。**海外では、無名企業の製品であろうと、よいものはよいと評価される**。そして、日本人は逆輸入の評価に弱く、「海外で売れている、認められた」となると、すんなりと採用が決まることも多いからです。

　国内に閉じて、販路開拓に苦労するのではなく、欲しいと思ってくれる地域・人びとを世界に求めるのもひとつの考え方です。

### ▶ 海外展示会も日本企業を待っている

　ブナの木材を活用した食器や灯具を生産する青森県・弘前市のブナコ株式会社は、世界で認めてもらおうとフランスの［メゾン・エ・オブジェ］に出展、高い評価と引き合いを得ています。また、シンガポールで開催さ

れる［Oishii Japan］は、日本全国から300社が出展する日本食の展示会です。ここに出展すれば、中国に加えて東南アジア6億の市場に売り込むチャンスが生まれます。

**海外の展示会は「情報収集に来る」というより商談目的の来場者が多く、トレードショーと呼ぶのにふさわしいものです。**見積を交わして即決し、発注にいたることもふつうです。日本企業に比べて権限委譲の範囲が狭いので決定権者が来場し、数量と価格をその場で交渉して決定して帰って行く、とてもスピーディなイメージです。

世界へ目を向ければ市場は気が遠くなるほどに大きい。「そんなもの誰が買うのか」と揶揄されるような商品であっても、広い世界には諸手を挙げて受け入れてくれる人びとがいるに違いありません。

## ▶ 海外展示会はどのように探せばよいのか

海外の大きい展示会では、日本に事務局を設けているので情報を入手しやすいというケースもあります。中国東部最大規模の消費財展示会である「華東輸出入商品交易会」は、日本のビジネスガイド社が日本側の運営者になっています。ビジネスガイド社は、その他にも「上海国際ファッション生活雑貨博覧会」や「ギフトショー・イン上海」、「ギフショナリー台北」などの展示会を運営しています。

また、海外の主要な展示会はジェトロのサイトにリストがあります。

近年は、米国のクラウドファンディングである［キックスターター］などで市場性を発見するケースも出てきています。一気に市場を外国に求めて勝負することは危険でも、公共の支援を受けながら海外の展示会に出展し、テストマーケティングをおこなうのはぜひオススメしたい戦略です。

どの展示会に出展するかは重要な問題ですので、できれば海外出張の際に展示会開催に日程を合わせて来場してみるなど、実際に視察しておくと不安なく出展の決定ができるでしょう。

＊ジェトロが出展支援を予定している展示会・商談会
→ https://www.jetro.go.jp/services/tradefair/list.html

## ▶ 海外展示会出展をジェトロが支援してくれる

　海外展示会に出展する場合、海外輸送と通関が必要であること、英文カタログなどを用意しなければならないことが大きな留意点です。
　その他にもいろいろ考えなければならないことが多く、気後れするかもしれませんが、**ジェトロや中小機構（海外展示会出展サポート事業）などの公的機関がさまざまな協力・支援メニューを用意してくれています。**

　ジェトロのスローガンは、「海外ビジネスが初めての中小企業を全力サポート」。ニューヨーク、シカゴ、パリ、フランクフルト、上海、香港など、世界中の展示会や見本市、商談会への出展を支援しています。
　出展料も低く抑えることができ、通訳や現地コーディネーターなども用意してもらえます。いきなり単独出展は抵抗があるなら、ジェトロがとりまとめてくれる共同出展から試してみてはいかがでしょうか。
　ジェトロでは海外展示会内のジャパンブースに出展して販路開拓する機会も提供しており、これですとブースの施工から出品物の通関、輸送などを代行してくれるため、手続きの負担とコストが少なくてすみます。
　いずれも経費については、ジェトロからの補助もありますので、ぜひ検討してみてください。

---

**海外展示会の準備・検討項目**
☐展示会選定　☐出展料　☐ブース設営　☐装飾ツール
☐英語版・現地語カタログ　☐英語版名刺
☐価格表・取引条件　☐プレスキット　☐梱包搬送
☐旅費　☐通訳・翻訳機　☐契約書　☐封筒　☐損害保険
☐Wi-Fiルーター　☐変圧器・コンセントアダプタ
☐現地通貨　☐宿泊予約　☐商談フォロー　他
（渡航スタッフパスポート、航空券、ビザ、旅行保険、予防注射、各連絡先リストなど）

## ▶ 海外展示会を活用する際の留意点

　海外に進出する際には、自社商品の知財権利を固めておくことも忘れてはいけません。**特許、意匠権、商標権**などはしっかり保護しておいてください。

　国によっては、カタログを渡しただけで模倣品を製造されてしまうこともあります。服飾小物や樹脂製の雑貨など、コピー商品を容易につくることができる商品の場合はとくに注意が必要です。

　また、実際に引き合いが生じたとしても、その会社の信用調査をおこなうなど慎重なフォローも必要になります。仮に「この商品は売れる、我が社に独占販売権をくれ」のようなオファーがあっても、鵜呑みにしないことです。

## ▶ 国内にいながら海外に販路をつくる方法

　国内の展示会でも、海外販路を開拓することはできます。海外バイヤーが展示会のために来日してくれるからです。近年は、アジア、欧米からの来場者数が大きく増えた印象がありますし、出展社の立場でブースを構えているのもごく当たり前の風景となりました。

　あなたの会社が製造・販売している商品を海外展開したいと考えたとき、知り合いたいのは有望な国・地域に販路をもっている販売代理店でしょう。その**出会いを生むには、まず販売代理店を募集しているという意思表示をすることです**。

　この場合、販路を見つけたい国の言語や英語などで「販売代理店募集中」と掲示をすればよいのです。英語なら、「Distributor Wanted」「Sales Rep Wanted」と書いておきます。

　その他にも、最近は越境ECなど通販ポータルを利用して海外の販路を確立する手段もありますので、自社にとって最適なルートは何なのかをよく考えてください。

#  他社ブースから学ぶ10のチェックポイント

## ▶「企画する」とは客観的な視点を手に入れること

　最終項目は、他社の展示ブースを見て評価をし、学ぼうというものです。来場者が展示ブースに近づいていくにつれて明らかになっていく評価ポイント10項目をあげました。

　あなたがよいと思った他社のブース、立ち寄りたいと感じたブースが、10点満点では何点とれているのかを評価してみてください。

　また、**理由はわからないけれど訪問者でにぎわっているブースは、何が人を引きつけているのかを見定めてみてください**。同様に、閑散としたブースは何がわるいのかを考えてください。

　お気づきかもしれませんが、これは自社ブースを評価するときにも使えるチェックポイントです。あくまで外見からわかる項目が主ですが、反省会で振り返るときにも活用できます。

　繰り返しになりますが、「企画をする」ことは「客観的な視点を持つ」こと。自社のことは、じつはいちばんわかりづらいため、他社のブースを評価することで、自社のブースを見直したり、計画する上でのヒントをもらうのです。

　評価するブースは、自社と比較しやすいサイズを選ぶとよいでしょう。有名企業ではなく、出展する小間数が同じブース、しかも同業者や競合の会社。

　展示の仕方や演出方法、新しいタイプの掲示ツールや印刷物を見つけたときは、自社でも同じものが活用できないか検討してみてください。

> 展示ブースを評価する10のチェックポイント
> ①遠くから見て目立つ？
> ②何を紹介するブースかすぐわかる？
> ③イチ押しの目玉商品がわかる？
> ④商品のウリ、差別化点が伝わる？
> ⑤メッセージは理解しやすい？
> ⑥誘引の仕掛けはある？
> ⑦製品に触われるように展示している？
> ⑧スタッフに質問しやすい？
> ⑨ブース内に入りやすい設計？
> ⑩カタログやチラシを手に取りやすい？

他社ブースを評価する体験から客観的な視点が生まれます

## 出展の告知プレスリリース例

メカニカルベーゴマ
**メカベー**

2018年1月15日
New technology report

報道関係者各位　　　　　　　　　　　　　　　スピニングトップ株式会社

## 新たな知育トイ、理系も夢中になる精密加工コマ[メカベー]を異業種交流展に出展いたします。

メタル製組み立て式ベーゴマ[メカベー]のスピニングトップ株式会社(本社: 茨城県土浦市、代表取締役: 高橋克己)は、[メカベー]の最新モデルを異業種交流展(土浦商工会議所主催)に出展、同時に専用バトルリングも展示し、ブースでプレイを実体験していただけます。

▶[メカベー]は、ニッポンの精密加工技術が生んだ、オールメタルの組み立て式ベーゴマです。誰でもすぐに回せて、しかも回り続ける精緻な設計。その美しい造形は、子供ばかりか大人の科学ゴコロを刺激します。

▶組み立て式で、デザインや仕様も自由自在にカスタマイズできます。カラーバリエーションも豊富で、分解してのチューニングやメインテナンス、パーツ交換も楽しめます。

▶驚異の回転持続時間は 7 分以上。その回転から目を離せません。専用のバトルリングは透明アクリル性なので、空中バトルを楽しむことができます。ぜひ、展示ブースをご訪問いただき、実践プレイにチャレンジしてください。

●交流展概要
会場: グランディア中央 展示会場
会期: 2018年2月1日 10:00～17:00
ブース: E-028

タイムトライアル&バトル対戦ベーゴマ
[メカベー]組み立てキット●LM 組み立てキット 4,500円～7,100円ほか
※一体型完成品もあります

＊本件に関するお問合せ＊
スピニングトップ株式会社 新規事業部　〒300-0034 茨城県土浦市 3-29-4
担当者：佐藤　　電話: 029-869-1111　　Fax: 029-869-1112
E-mail：info@spinningtop.co.jp　WEB：https://www.spinningtop.co.jp

## おわりに

　数年前、公共主催の展示会で1人の工業デザイナーと知り合いました。彼は、個人でブースを出展していたのです。

　ものづくりに携わる者同士、意気投合した私たちは、いろいろと意見交換の場を持ちました。そして、私の支援先である補聴器メーカーのプロダクトデザインの仕事を彼に依頼しました。これは、彼にしてみれば「展示会がきっかけでした」ということになるのでしょう。

　別の展示会でも、やはりグラフィックデザイナーさんが気丈にも1人で出展しているブースを見つけたことがあります。そうすると、つい話し込んでしまうのです。いずれのケースとも、展示会がなければ一生、知り合う機会に恵まれなかった人たちかもしれません。

　「出会い」として考えてみれば、展示会を活用することは婚活する人が結婚相談所や婚活パーティに出かけていくのと同じです。これにたいして、飛び込み営業などはいわばナンパです。

　「このビル1棟、全社回るぞ！　さっ、行ってこーい！」

　戦略なしのローラー作戦では、信用に値する取引と出会うことはなかなかむずかしいかもしれません。

　福井県のある商工会議所からは、少し風変わりなオーダーをいただきました。通常の展示会活用セミナーをするほかに、受講者さんが出展する予定の会場で開催されている別の展示会を一緒に訪れ、各ブースの評価を解説してほしい、というのです。

　知らない人には、私はツアー旅行の添乗員のように見えたと思います。しかも、それぞれのブースの前で「ここがダメです」と指摘することは失礼なのでできず、よいところ、参考にすべきポイントしか説明できませんでした。

　このときは、「ツアー」のあとのミニセミナーで「こういうブースが

あったのを憶えていますか？ あれは…」とダメ出ししておきましたが。

　また、茨城県のある商工会議所からは、2年連続で展示会セミナーのご指名をいただいたのですが、2年目のご希望は少々ことなっていました。

　展示会のセミナーを開催した1ヵ月後にもう一度お呼びいただき、「今度は当日の展示会場で改善点のアドバイスをしてください」というオーダーをセットでいただいたのです。

　展示会は現場が大切である、という考えはいずこも同じようです。

　本書のポイントを復習しますと、①展示会はズラして選ぶ、②お客様のメリットをキャッチコピーにする、③それを目立つツールにして掲示する、④来場者を誘引する仕掛けをつくる、⑤積極的な声かけはしない、ということになります。

　中小企業にとって、つねに大きな課題である販路開拓。展示会は有用なツールですが、上手く使いこなせていない会社さんの多いことを、いつも歯がゆく思っていました。

　最近では、ブースのデザインはどんどん進化しています。しかし、自社や製品のウリ、強みをしっかりとコトバに置きかえるという基本ができていない。よい技術をもっている会社ほど、その傾向は顕著です。

　展示会の招待登録をウェブからするときの記入欄に、「出展社への要望はなにか」を問う項目がありました。

　6項目の選択式で、その中身は「(1)製品展示をして欲しい／実機を動かしてほしい、(2)何を扱っているのかひと目でわかるようにしてほしい、(3)効率よく打合せをするために事前に製品の案内状を送ってほしい／アポイントを取りたい、(4)じっくり座って詳しい話がしたい、(5)技術者に常駐してほしい、(6)その他（自由記入）」というもの。

　主催社の希望も含まれているのかもしれませんが、来場者からの声をたびたび耳にしているからこその項目であると思います。

　逆にいえば、「製品を展示しない」、「何を扱っているのかわからない」、

「案内状を送らない」、「じっくり話のできない」、「説明できる技術者がいない」ブースが、いかに多いかの証明なのです。本書をお読みのあなたは、ぜひこうした不満を来場者に抱かれないブースを仕立てていただきたいと思います。

　最後に、本書を執筆するにあたり、多くの方がたにお世話になりました。とくに株式会社BMZの山中保さん、菊川工業株式会社の奥野木宏一さん、ユニテックフーズ株式会社の小林孝行さんほか事例紹介をご快諾くださった支援先企業の皆様、株式会社栄彩の木村祐吾さん、リードエグジビションジャパン株式会社の藤原武史さん、そして書籍化を牽引してくださった日刊工業新聞社の藤井浩さんには、この場を借りて心より感謝を申し上げます。

　最後までお読みいただき、ありがとうございます。

弓削徹（ゆげ・とおる）

## 付録
### 展示会やることスケジュール表例

　準備期間は、慣れれば2ヵ月ていどでこなしてほしいと思います。けれど、最初のうちは6ヵ月から3ヵ月ていどはみておいたほうがよいでしょう。

当日 ↓

| | 5月 W1 | W2 | W3 | W4 | 6月 W1 | W2 | W3 | W4 | 7月 W1 | W2 | W3 | W4 | 8月 W1 | W2 | W3 | W4 | 9月 W1 | W2 | W3 | W4 | 10月 W1 | 担当 |
|---|---|---|---|---|---|---|---|---|---|---|---|---|---|---|---|---|---|---|---|---|---|---|
| 企画 | | 展示会選択 → | | | | | | | | | | | | | | | | | 展示会運営 | | | 全員 |
| | | 予算決定 → | | | | | | | | | | | | | | | | | | | | 全員 |
| | | | 出展・申込 → | | | | | | | | | | | | | | | | | | | 佐藤 |
| | | | コンセプト決定 → | | | | | | | | | | | | | | | | | | | 全員 |
| | | | | 展示内容決定 → | | | | | | | | | | | | | | | | | | 全員 |
| 外部発注 | | | | | | | 設営発注 → | | | プレゼン → | 決定 → | | | | | | 設営 → | | 解体 → | | 鈴木 |
| | | | | | | | | | | | ノベルティ、DM、印刷物発注 → | | | | | 納品 → | | | | | 鈴木 |
| 社内準備 | | | | | | | | | | | | | 出展案内送付 → | | | | | | プレスリリース → | | 山田 |
| | | | | | | | | | | | | | プレスリリース → | | | | | | | | 山本 |
| | | | | | | | | | | | 展示物用意 → | | | | | 搬入 → | | 搬出 → | | | 吉田 |
| | | | | | | | | | | | | | マニュアル シフト作成 → | | | | | | | | 山本 |
| フォロー | | | | | | | | | | | | | | | | | | | リスト化 → | | 山田 |
| | | | | | | | | | | | | | | | | | | | お礼メール → | | 吉田 |
| | | | | | | | | | | | | | | | | | | | 営業フォロー → | | 高橋 |

リーダーを誰にするかが重要

【参考文献】
「正直者はバカをみない」石積忠夫　ダイヤモンド社
「中小企業が海外で製品を売りたいと思ったら最初に読む本」大澤裕　ダイヤモンド社

〈著者紹介〉
## 弓削　徹（ゆげ・とおる）

東京・浅草生まれ。日本の土台である製造業をその下から支えるマーケティングコンサルタントとして活動。
クリエイター、プランナー時代からSONY、サントリーなど2,200社のマーケティング企画、展示会出展にたずさわる。多様な業種の出展支援を通じ、キャッチコピー、デザインをはじめ心理学や色彩学など、さまざまな知見にもとづく試行錯誤を重ねるなかで、低予算でも来場者を引きつけ、成約を呼び込む出展手法にたどりつく。
支援先企業には「取引先はすべて展示会で見つけた」「展示会に出さえすればウチは成長できる」などの声をもらう。

全国の商工会議所で600回以上の講演講師を務め、展示会セミナーのほか実際に展示会に出向く解説ツアーも好評。
経済紙誌、大学機関誌に寄稿するほか、FMラジオ J-WAVE「Tokyo Morning Radio」、ニッポン放送、TBSラジオなどの番組にコメンテイター出演。［ノートパソコン］の名付け親。
主な著書に『転がす技術 なぜ、あの会社は畑違いの環境ビジネスで成功できたのか』（日刊工業新聞社）、『キャッチコピーの極意』（明日香出版社）、『短い言葉を武器にする』（フォレスト出版）などがある。
弓削徹サイト www.yugetoru.com

## 顧客は展示会で見つけなさい
確実に集客・商談を増やす48の法則

NDC673

| 2018年3月30日　初版1刷発行 |
| 2024年1月31日　初版5刷発行 |

定価はカバーに表示されております。

　　　　　　　　　　　©著　者　　弓　削　　　徹
　　　　　　　　　　　発行者　　井　水　治　博
　　　　　　　　　　　発行所　　日刊工業新聞社

〒103-8548　東京都中央区日本橋小網町14-1
電話　書籍編集部　　　03-5644-7490
　　　販売・管理部　　03-5644-7403
　　　FAX　　　　　　03-5644-7400
振替口座　00190-2-186076
URL　　https://pub.nikkan.co.jp/
e-mail　info_shuppan@nikkan.tech

印刷・製本　新日本印刷（POD4）

落丁・乱丁本はお取り替えいたします。　　2018　Printed in Japan
ISBN 978-4-526-07830-9

本書の無断複写は、著作権法上の例外を除き、禁じられています。